Schirner Verlag

SUSANNE STEIDL

Vom **POSITIVEN UMGANG** mit negativen Gefühlen

Ideen, die einfach glücklich machen

Schirner Verlag

ISBN Printausgabe 978-3-8434-1490-6
ISBN E-Book 978-3-8434-6476-5

Susanne Steidl:
Vom positiven Umgang mit negativen Gefühlen
Ideen, die einfach glücklich machen

Umschlag: Elena Lebsack, Schirner, unter Verwendung von # 1642357129 (© Angelina Bambina) und # 1474614581 (© K N), www.shutterstock.com
Layout: Elena Lebsack, Schirner
Lektorat: Claudia Simon, Schirner
Printed by: Ren Medien GmbH, Germany

www.schirner.com

Erweiterte Neuausgabe 2021 – 1. Auflage September 2021

**Für meine drei Töchter,
die mir die schönsten Gefühle schenken**

Inhalt

Mit all unseren Gefühlen leben

Liebe Leserin, lieber Leser, wie schön, dass du dieses Buch in den Händen hältst. Ich freue mich sehr, weil ich somit etwas dazu beitragen kann, dass du dein Leben intensiver fühlst und es dadurch noch erfüllter und glücklicher wird.

In möchte dir zeigen, wie du einen besseren Zugang zu deinen Gefühlen bekommst – und zwar zu allen Gefühlen. Die zahlreichen Übungen in diesem Buch helfen dir dabei, dich deinen Gefühlen im Alltag bewusster zu widmen und eine positive Einstellung zu negativen Gefühlen zu bekommen.
Zugegeben, der Umgang mit negativen Gefühlen ist nicht immer leicht. Daher neigen wir dazu, sie zu unterdrücken und zu verdrängen, was uns viel Kraft kostet. Aber auch den guten Gefühlen geben wir nicht immer den Raum, den sie einnehmen sollten. Wenn wir lernen, all unseren Gefühlen, den positiven wie den negativen, bewusst und offen zu begegnen, und die Verantwortung für sie übernehmen, können wir unser Gefühlsleben aktiv beeinflussen. Wir sind unseren Gefühlen nicht ausgeliefert, sondern haben die Wahl, ob wir uns aus dem Kreislauf negativer Gefühle hinausbewegen oder noch tiefer in ihn hineinsinken wollen.

Es geht also darum, dass wir unsere Gefühle wieder in ihrem vollen Umfang und mit allen Facetten fühlen. Zu diesem Ziel führen verschiedene Wege. Vielleicht bist du ein eher praktisch veranlagter Mensch und magst den Zugang über deinen Körper in Form leicht umsetzbarer Übungen. Vielleicht legst du großen Wert auf den Ver-

stand und möchtest wissen, wieso du fühlst, wie du fühlst. Genauso gut kann es sein, dass dir das In-dich-Hineinfühlen mehr liegt.
In diesem Buch spreche ich all diese Ebenen an: das Spüren, das Denken und das Fühlen. Und du wirst zu jeder Ebene verschiedene Anregungen bekommen.

Wir werden uns den vier Grundgefühlen widmen und uns deren Zuordnung zu den Chakras und die damit in Verbindung stehenden Themen und Entwicklungsmöglichkeiten ansehen. Denn jedes Gefühl dient einem Zweck und bringt einen wertvollen Impuls für dein Leben und dein inneres Wachstum mit sich.

In herausfordernden Zeiten wird unsere Gefühlswelt ziemlich aufgewühlt und durcheinandergewirbelt. Viele intensive Gefühle kommen zum Vorschein. Dabei handelt es sich meist um alte Gefühle, sogenannte Emotionen. Damit verbunden sind häufig Themen, die uns schmerzlich berührt und die wir daher verdrängt haben. Du wirst den Unterschied zwischen Emotionen und Gefühlen kennenlernen und erfahren, wie du Emotionen heilen und damit alte Wunden schließen kannst.

Das Leben will vollständig gefühlt und in seiner ganzen Bandbreite gelebt werden. Wenn wir ihm diesen Wunsch erfüllen, macht uns das vollkommen, authentisch und frei. Die Lebensenergie kann wieder ungezügelt fließen, wir sind in unserer ganzen Kraft, und es eröffnen sich uns neue Wege und Möglichkeiten.

Ich wünsche dir viele freudvolle Erkenntnisse!
Deine Susanne

Je mehr *du fühlst,*
desto erfüllter wird
dein *Leben.*

Wie Gefühle entstehen

Woher kommen eigentlich unsere Gefühle? Wo ist deren Ursprung? Vielleicht passiert es dir auch manchmal, dass du dich von einem Moment auf den anderen schlecht oder gut fühlst und du nicht weißt warum.
Gefühle sind meist eine unmittelbare Folge unserer Gedanken und Bedürfnisse. Wir kommen in eine Situation, nehmen diese wahr, bewerten sie und reagieren gefühlsmäßig und dann auch körperlich darauf. Dieser Prozess läuft in Sekundenschnelle ab: Wahrnehmen – Denken – Brauchen – Fühlen – Handeln.
Wir bekommen oft gar nicht bewusst mit, was innerlich in uns passiert. Denn unsere Gedanken sind wie Blitzlichter, die kurz auftauchen und wieder verschwinden, und zu unseren Bedürfnissen haben wir manchmal keinen Zugang. Nur unsere Gefühle bleiben als süßer oder bitterer Nachgeschmack zurück. Somit erkennen wir oft nicht, welche Bewertungen und Bedürfnisse für unsere Gefühle verantwortlich sind.

Deine Bewertungen können grundsätzlicher Natur sein, das heißt, dass eine bestimmte Situation von dir immer gleich eingeschätzt wird. Du wirst zum Beispiel jedes Mal wütend, wenn dein Partner zu spät kommt. Ein Gedanke, der Wut auslöst, könnte sein: »Ich bin ihm nicht wichtig genug.«
Oder du bewertest eine Situation unterschiedlich, abhängig von deiner Tagesverfassung. So kann es dir an einem Tag nichts ausmachen, mit dem Essen auf deinen Partner zu warten, weil du entspannt bist, an einem anderen Tag bist du verärgert, weil schon einiges Belastendes passiert ist.

Vor allem unbewusste, tief sitzende Glaubenssätze haben enorme Auswirkungen auf dich. Diese wirken wie ein Programm, das unbemerkt im Hintergrund läuft und dein Gefühlsleben wie auch dein Verhalten stark beeinflusst, indem es dich automatisch reagieren lässt.

Deine Bedürfnisse spielen ebenfalls bei der Entstehung von Gefühlen eine Rolle. Um bei dem Beispiel von gerade eben zu bleiben: Dein Partner kommt zu spät – vielleicht wird dadurch dein Bedürfnis nach Pünktlichkeit oder Wertschätzung nicht erfüllt. Vereinfacht lässt sich sagen: Wenn deine Bedürfnisse unerfüllt sind, fühlst du dich schlecht. Wenn deine Bedürfnisse befriedigt sind, fühlst du dich gut.

Es gibt aber auch Gefühle, deren Ursprung nicht in unserem Denken oder in unseren Bedürfnissen liegt. Besonders einfühlsame und feinfühlige Menschen übernehmen oft die Gefühle von anderen, und auch kleine Kinder übernehmen die Gefühle ihrer Eltern oder die anderer Bezugspersonen. Wie du mit diesen Gefühlen arbeiten kannst, erfährst du im Kapitel »Vollende und heile deine Emotionen«, S. 76.

Um mit deinen Gefühlen besser umgehen und sie auch regulieren zu können, ist es hilfreich, ihren Auslösern auf die Spur zu kommen. Damit lernst du dich selbst besser kennen, du kannst dein Denken wie auch deine Reaktionen verändern und wirst dich klarer mitteilen können. Vor allem kannst du manche Probleme an der Wurzel packen und sie dadurch lösen.

Wenn du dich das nächste Mal schlecht fühlst, kannst du dir die folgenden Fragen stellen. Sie helfen dir, herauszufinden, durch was dein Gefühl verursacht wurde.

- **»Was habe ich gedacht?«**
- **»Wer oder was hat dieses Gefühl ausgelöst?«**
- **»Welches Bedürfnis wurde nicht erfüllt?«**
- **»Was hätte ich in dieser Situation gebraucht?«**

Dadurch wirst du vermehrt deine Gedanken beobachten und vielleicht auch bemerken, dass du dazu neigst, selbstkritische Gedanken zu hegen, dich mit anderen zu vergleichen oder dich oder andere Menschen abzuwerten und zu verurteilen. Und nebenbei wirst du erkennen, welche Bedürfnisse in deinem Leben eine Rolle spielen, und du kannst ihnen mehr Raum schenken. Im Kapitel »Denke anders, und fühle dich besser«, S. 83, bekommst du weitere Tipps, um bewusster zu denken, und erhältst damit die Möglichkeit, deine Gefühle zu verändern.

Vier Gefühle – vier Chakras

Unsere Gefühlswelt scheint manchmal sehr komplex. Wenn ich in meinen Beratungen und Seminaren Menschen frage, was sie fühlen, sind sie häufig nicht in der Lage, darauf zu antworten. Daher finde ich die Einteilung in die vier Grundgefühle so hilfreich. Damit sind jene Gefühle gemeint, von denen ausgegangen wird, dass sie jeder Mensch von Natur aus in sich trägt und empfinden kann. Sie werden dadurch auch als grundlegender Bestandteil der menschlichen Existenz erachtet. Die Grundgefühle äußern sich in allen Kulturen durch die gleichen Gesichtsausdrücke. Es sind:

- **Angst**
- **Freude**
- **Wut**
- **Traurigkeit**

Natürlich gibt es viele weitere Gefühle, aber sie alle lassen sich jeweils einem Grundgefühl zuordnen, zum Beispiel Unsicherheit der Angst, Ärger und Frust der Wut, Optimismus der Freude.

Die Einteilung in die vier Grundgefühle macht es leichter, die Gefühle zu differenzieren. So kannst du dich selbst oder auch andere Menschen fragen: **»Fühle ich jetzt Traurigkeit?«, »Fühlst du gerade Wut?« …** und es kommt entweder ein Ja oder ein Nein.

Das schafft Bewusstsein und Klarheit, und du kannst besser mit deinen Gefühlen umgehen und mit ihnen arbeiten.

Diese Grundgefühle finden sich auch in den Chakras wieder. Dabei handelt es sich um die Energiezentren im feinstofflichen Körper, die uns mit der universellen, kosmischen Lebensenergie versorgen. Das Wort »Chakra« kommt aus dem Sanskrit (altindische Sprache) und bedeutet »Rad aus Licht«. Durch ihre Drehung nehmen die Chakras die Energie aus dem Kosmos in sich auf und geben sie an unseren physischen und den feinstofflichen Körper (Aura) weiter. Die Chakraenergien wirken sich auf unser Fühlen, Denken, Verhalten und auch auf unser körperliches Wohlbefinden aus.
Es gibt insgesamt sieben Hauptchakras, die entlang der Wirbelsäule zu finden sind. Die unteren Chakras entsprechen der Materie, dem irdischen Leben, ihnen lassen sich die vier Grundgefühle zuordnen. Die höheren Chakras entsprechen der geistigen Ebene. Jedem der sieben Chakras sind bestimmte Lebensthemen und Qualitäten zugeordnet.

Kronenchakra – Bewusstsein
Stirnchakra – Intuition
Halschakra – Kommunikation
Herzchakra – Liebe – **Traurigkeit**
Solarplexuschakra – Potenzial – **Wut**
Sakralchakra – Lebensfreude – **Freude**
Wurzelchakra – Urvertrauen – **Angst**

Die Zuordnung der Gefühle zu den Chakras hilft dir, zu erkennen, welche Themen und Entwicklungsmöglichkeiten mit dem jeweiligen Gefühl verbunden sind. Auch sind den Chakras bestimmte Körperbereiche und Beschwerden zugeteilt. Im Kapitel »Der Körper fühlt mit«, S. 47, erfährst du mehr darüber. So können dir körperliche Probleme aufzeigen, welchem Chakra bzw. welchem Gefühl du dich widmen solltest.

Durch die Arbeit mit den Energien der Chakras kannst du dein Fühlen wieder in eine natürliche Balance bringen. Es kann sein, dass ein bestimmtes Gefühl in dir übermäßig vorhanden ist oder ein anderes gar nicht von dir wahrgenommen oder gelebt wird. Wenn du zum Beispiel oft intensive Traurigkeit wahrnimmst, dir das Gefühl der Wut hingegen fremd ist, wäre es für dich hilfreich, dich mit den Energien und den Themen des Herzchakras und des Solarplexuschakras auseinanderzusetzen. So wirst du auch erkennen, dass du bestimmte Themen, die dem jeweiligen Chakra zugeordnet sind, zu intensiv, zu wenig oder gar nicht lebst.

Durch das Stärken und Harmonisieren eines Chakras wird auch die Energie des ihm zugeordneten Gefühls wieder ins Fließen gebracht. Genauso wird durch das bewusste Empfinden des Gefühls die Energie des Chakras harmonisiert und aktiviert. Kurz gesagt: Sind die Chakras in Harmonie, sind auch die Gefühle ausgewogen, und umgekehrt. Wenn du diesen Zusammenhang erkennst, kannst du ihn dir zunutze machen, um positiv auf dein Leben und deine Weiterentwicklung einzuwirken.

Wurzelchakra & Urvertrauen

Das Wurzelchakra ermöglicht es dir, deinen Weg voller Vertrauen zu gehen.

Dieses Chakra liegt am Ende des Steißbeines. Es ist dem Element Erde und dem Grundgefühl Angst zugeordnet. Seine Themen sind: Urvertrauen, Lebensenergie, Herkunft, Selbsterhaltung, Stabilität, Sicherheit, Geborgenheit, Existenz, Erdung, Unabhängigkeit, materielle Ebene, Überleben, Körperbewusstsein.

Wenn Angst, zum Beispiel in Form von Existenz- oder diffusen Ängsten, oft unser Begleiter ist, kann es sein, dass die Energie des Wurzelchakras blockiert ist. Es mangelt an Vertrauen in das Leben. Angst, etwas falsch zu machen, Angst, die Kontrolle zu verlieren, Angst vor der Zukunft, Angst vor dem Alleinsein, Angst, abhängig zu sein … Wenn wir das Wurzelchakra stärken und harmonisieren und uns mit seinen Themen beschäftigen, können all diese Ängste geheilt werden.

Ein ausbalanciertes Wurzelchakra zeigt uns eine natürliche, gesunde Angst und Wachsamkeit auf. Angst an sich ist nicht negativ. Wir brauchen sie sogar, denn sie hilft uns, im Leben voranzukommen. Unser größtes Entwicklungspotenzial liegt dort, wo sich die größte Angst zeigt. Meist ist es die Furcht vor Veränderungen, die uns in problematischen, schmerzhaften Situationen verharren lässt, statt diese zu verlassen oder zu verändern. Mit der Energie des Wurzelchakras finden wir in uns die Kraft, uns unseren Ängsten zu stellen und unseren Weg weiterzugehen. Dadurch bekommen wir Zugang zum Vertrauen, denn dort, wo Angst ist, ist immer auch Vertrauen.

Wozu dient dir die Angst? Die Energie der Angst schenkt dir Aufmerksamkeit, Präsenz und Wachheit. Du benötigst die Angst, wenn in deinem Leben etwas Neues ansteht, wenn du eine Herausforderung zu meistern hast. Sie hilft dir, Gefahren zu erkennen, gut auf dich und andere aufzupassen. Die Angst lässt dich kreativ werden, sie schenkt dir Impulse, Lösungen und Ideen, die in dem Augenblick hilfreich sind. Sie zeigt dir, dass dir etwas wichtig ist und dass es sich lohnt, dafür zu kämpfen.

Übung:
Finde ins Vertrauen

Diese Übung kannst du durchführen, wenn dich Ängste einholen. Gehe mit deiner Aufmerksamkeit zum Wurzelchakra, das sich am Ende des Steißbeines befindet. Spüre und atme in das Wurzelchakra hinein. Bitte darum, in ihm die Angst wahrzunehmen. Kannst du sie spüren oder sehen? Vielleicht nimmst du sie als Farbe wahr. Wie viel Raum nimmt die Angst in deinem Wurzelchakra ein? Wie präsent ist sie hier?

Bitte darum, das Vertrauen wahrzunehmen, das sich ebenfalls im Wurzelchakra befindet. Was spürst oder siehst du? Hat das Vertrauen eine Farbe?

Bitte nun das Vertrauen, die Angst einzuhüllen. Vielleicht möchte sich die Angst auch in das Vertrauen hineinlegen. Spüre, was passiert, wenn die Angst und das Vertrauen sich verbinden und eins werden. Was nimmst du jetzt in deinem Körper wahr? Was macht das mit der Angst? Was hat sich in deinem Wurzelchakra verändert?

Sakralchakra & Lebensfreude

Das Sakralchakra ermöglicht es dir, das Leben in vollen Zügen zu genießen.

Dieses Chakra befindet sich unterhalb des Bauchnabels, oberhalb des Schambeines. Es ist dem Element Wasser und dem Grundgefühl Freude zugeordnet. Seine Themen sind: Lebensfreude und Lebenslust, Genuss, Fühlen, Kreativität, Sexualität, Eros, Sinnlichkeit, schöpferische Kraft, Beziehungen, Balance von Geben und Nehmen, Begehren, Sehnsüchte, Hingabe.

Das Sakralchakra hat die Aufgabe, unser Leben mit Freude und Lust zu bereichern. Wir dürfen das Leben empfangen, uns ihm hingeben und es vollkommen auskosten – und all das ohne schlechtes Gewissen oder Schuldgefühle. Das Leben darf leicht sein, es darf Genuss bereiten, auch wenn wir einmal nicht unseren Pflichten und Aufgaben nachkommen oder das Leben nicht so rund läuft, wie wir es gern hätten.

Vielleicht kennst auch du diese Gedanken: »Ich kann mich doch nicht freuen, wenn es anderen schlecht geht … wenn ich dieses Problem habe … wenn mir dies oder jenes nicht gelingt …« Damit machst du das Erleben von Freude von äußeren Umständen abhängig. Meine Erfahrung hat mir jedoch gezeigt, dass die Freude immer da ist, auch wenn sie manchmal von anderen Gefühlen überdeckt wird. Sie ist wie die Sonne, die auch dann scheint, wenn wir sie hinter den Wolken nicht sehen können.

Es kann hilfreich sein, uns mit den Wolken, also den unangenehmen Gefühlen, zu beschäftigen, um wieder den Zugang zur Freude zu finden. Manchmal ist es jedoch sinnvoller, unabhängig davon, wie es uns aktuell geht oder was gerade in unserem Leben los ist, etwas zu tun, was uns erfreut, uns Lebendigkeit und Genuss schenkt. Wenn es dir einmal nicht so gut geht, achte darauf, dir diese freudvollen Momente erst recht zu gönnen. Du hast deine liebevolle Zuwendung verdient – immer! Damit stärkst du die Energie des Sakralchakras, und die Freude bekommt zunehmend Raum und Gelegenheit, sich zu zeigen.

Die Freude kann im Leben ein Wegweiser sein. Ganz nach dem Motto: »Ich folge der Freude und gehe somit meinen Herzensweg.« Veränderungen müssen nicht immer aus einem Schmerz heraus geschehen. Wenn wir uns danach ausrichten, was uns im Leben guttut, was uns Erfüllung und Lust schenkt, können Veränderungen wie von selbst eintreten, und es strömt noch mehr Freude in unser Leben.

Wozu dient dir die Freude? Die Energie der Freude lässt dich den Moment genießen, ihn auch mit anderen Menschen teilen und feiern. Die Freude gibt dir Gelassenheit und hilft dir, belastende Zeiten zu überstehen. Sie schenkt dir Motivation, Inspiration, Lichtblicke wie auch Visionen. Leichtigkeit und Verspieltheit gehören ebenso zur Freude. Die Freude trägt dich durch das Leben und unterstützt dich dabei, deinen Herzensweg zu erkennen und Erfüllung im Leben zu finden.

Übung:
Belebe deine Freude

Diese Übung kannst du durchführen, um das Sakralchakra zu aktivieren und die Freude ins Fließen zu bringen.
Atme in das Sakralchakra hinein. Es befindet sich unterhalb des Bauchnabels, oberhalb des Schambeines. Lasse deinen Atem ganz sanft hineinfließen.
Denke an etwas, was dir Genuss, Lust und Freude schenkt. Führe dir einen solchen kostbaren Moment vor Augen. Nun stelle dir vor, wie der Atem im Sakralchakra diese freudvollen Energien noch mehr zum Fließen bringt. Mit jedem Atemzug pulsiert die Freude in deinem Unterbauch etwas mehr.
Lasse die Freude noch etwas intensiver werden. Dehne sie aus dem Sakralchakra über deinen gesamten Körper aus. Lasse sie einfach fließen … in dein Becken, den Bauch, den Brustbereich, die Arme und Beine, den Kopf, den Rücken … Die Freude darf überallhin fließen.

Solarplexuschakra & Potenzial

Das Solarplexuschakra ermöglicht es dir, dein volles Potenzial zu leben.

Dieses Chakra liegt oberhalb des Bauchnabels. Es ist dem Element Feuer und dem Grundgefühl Wut zugeordnet. Seine Themen sind: Handeln, Durchsetzungsvermögen, Talente und Potenziale leben, Ziele verwirklichen, Abgrenzung, Klarheit, Willenskraft, Persönlichkeit, Verantwortung, Selbstvertrauen, Selbstwert, Selbstermächtigung, Selbstbewusstsein, Motivation, Begeisterung, Bauchgefühl, Emotionen verdauen, Kritikfähigkeit, Wissen, mentale Stärke.

Durch das Solarplexuschakra können wir einen positiven Zugang zur Wut erlangen. Viele von uns haben die Erfahrung gemacht, der Wut von anderen Menschen ausgeliefert zu sein. Deshalb ist es für uns auch nicht einfach, die eigene Wut anzunehmen. Oft lässt sie sich nicht kontrollieren, äußert sich destruktiv und führt zu Kurzschlussreaktionen. Dies geschieht vor allem dann, wenn wir unsere Wut längere Zeit unterdrückt und nie gelernt haben, sie auf friedliche Art und Weise auszuleben und zu nutzen.

Ein ausbalanciertes Solarplexuschakra lässt uns unsere Wut positiv nutzen, indem sie unsere Selbstverantwortung und Selbstwirksamkeit aktiviert. Wir erkennen, was wir im Leben verändern sollten, kommen ins zielgerichtete Tun und können aus der Opferrolle und Ohnmachtshaltung aussteigen.

Das Solarplexuschakra steht auch für unsere Sichtbarkeit. Je sichtbarer wir werden, desto wichtiger ist, dass wir uns klar nach außen hin abgrenzen. Vor allem Frauen tun sich manchmal schwer damit. Sie lieben das sich Hingebende, das sich Verströmende … – wunderbare weibliche Qualitäten. Aber genau diese brauchen einen geschützten Raum, um sich frei entfalten und zeigen zu können. Und hier kommt die Wut ins Spiel.

Wozu dient dir die Wut? Die Energie der Wut hilft dir, die nötige Klarheit für Entscheidungen zu erlangen. Durch sie erkennst du, was du willst und was nicht. Du bist in der Lage, Stopp und Nein zu sagen und deinen Standpunkt zu vertreten. Die Wut unterstützt dich, Veränderungen anzugehen, etwas Neues zu beginnen und Altes, Überholtes loszulassen. Sie verleiht dir die Kraft, Grenzen zu setzen, dir Respekt zu verschaffen und dich und andere zu beschützen.

Übung:
Erlange Klarheit

Diese Übung hilft dir, deine Wut zu aktivieren, um Klarheit zu erlangen und dich abzugrenzen.

Atme in den Bauchraum oberhalb des Nabels hinein, und nimm die Energie des Solarplexuschakras wahr. Spüre den Bauchraum als einen abgegrenzten Raum. Wie groß ist dieser Raum? Wie klar sind seine Grenzen? Wie ist seine Energie? Atme weiter in den Bauchraum hinein mit der Absicht, ihn zu stärken, zu klären und seine Grenzen sichtbarer zu machen.

Lade nun die Wut ein, sich in diesem Raum zu zeigen. Wie fühlt sich die Wut an? Nimmst du ihre Qualitäten wie Klarheit, Präsenz und Fokus wahr? Mit jedem Atemzug intensivierst du die Energie der Wut in diesem Raum.

Lasse den Raum größer werden, sich über deinen Bauchraum hinaus ausdehnen, immer weiter … Dieser Raum dehnt sich nun über dich hinaus aus, sodass er dich umgibt, dich schützt und nach außen abgrenzt.

Nimm wahr, wie es sich anfühlt, deinen eigenen abgegrenzten Raum zu haben, klar unterscheiden zu können, wo du aufhörst und wo das andere beginnt. Wenn du möchtest, strecke die Arme nach beiden Seiten aus, und nimm diese Abgrenzung auch körperlich wahr.

Herzchakra & Liebe

Das Herzchakra ermöglicht es dir, Liebe zu geben und zu empfangen.

Dieses Chakra liegt in der Brustmitte auf Höhe des Herzens. Es ist dem Element Luft und dem Grundgefühl Traurigkeit zugeordnet. Seine Themen sind: Liebe zu allem, was ist, Mitgefühl, Vergebung, Verbundenheit, Berührung, Verletzlichkeit, Dankbarkeit, Seele, Zuneigung, Menschlichkeit, Offenheit, Toleranz, Geborgenheit, Herzensgüte, Dienen, Selbstliebe, Beziehungen, Liebesfähigkeit.

Ist das Herzchakra ausbalanciert, lassen wir uns vom Leben in all seinen Facetten berühren. Wir sind in der Lage, unsere Erfahrungen zu verarbeiten und Erkenntnisse daraus zu gewinnen. Das Herzchakra bringt uns in Kontakt mit uns selbst, anderen Menschen, der Erde und dem Himmel. Wir öffnen unser Herz, können der Liebe, aber auch der Traurigkeit Raum geben und erkennen, dass wir in unserem Herzenskern, der unserer Seele entspricht, reine Liebe, immer heil und unverwundbar sind.

Traurigkeit erleben wir beim Abschiednehmen, wenn wir etwas loslassen müssen, enttäuscht oder verletzt wurden. In Phasen von Traurigkeit ermöglicht uns das Herzchakra, uns selbst mitfühlend zu begegnen, uns Zuneigung und Liebe zu schenken, anstatt Strenge walten zu lassen. Traurig zu sein, bedeutet, sich dem Schmerz hinzugeben, zu trauern, die Tränen fließen zu lassen, sich selbst zu trösten oder von anderen trösten zu lassen. Genauso können wir andere Menschen in ihrer Traurigkeit unterstützen, indem wir sie in die Arme nehmen und ihnen unser Mitgefühl zeigen. Durch Mitgefühl können Heilung und Vergebung geschehen.

Wozu dient dir die Traurigkeit? Die Traurigkeit hilft dir dabei, etwas loszulassen, Abschied zu nehmen und Verluste zu verarbeiten. Sie lässt emotionale Wunden heilen. Traurigkeit verbindet dich mit dir selbst und anderen, ermöglicht Offenheit und Nähe. Sie schenkt dir Trost und Mitgefühl für dich selbst und andere. Durch sie zeigst du deine Verletzlichkeit und wirst auf tieferer Ebene berührbar. Die Traurigkeit ist der Schlüssel für ein offenes Herz.

Übung:
Verbinde dich mit dir

Diese Übung kannst du durchführen, wenn du mehr mit deinem Innerstern in Verbindung kommen möchtest.
Gehe mit deiner Aufmerksamkeit zum Herzchakra, das sich in der Brustmitte auf Höhe des Herzens befindet, und verbinde dich über den Atem mit ihm. Lade nun die Energie der Traurigkeit ein, in das Herzchakra zu kommen. Wie nimmst du die Energie der Traurigkeit wahr? Was verändert sich dadurch in deinem Herzchakra?
Bitte die Traurigkeit, dass sie dich in das Innerste deines Herzens führt, in deinen Herzenskern, wo du reine Liebe bist. Nimm dort deine reine Seelenenergie wahr, und lasse dich von ihr berühren. Atme weiter sanft ein und aus.
Nun lasse deine Seelenenergie aus der Tiefe des Herzens in dein Herzchakra hineinfließen. Spüre, wie sich die Liebe mit der Traurigkeit verbindet. Nimm wahr, was sich in deinem Herzchakra verändert.
Nun lasse diese Energie aus dem Herzchakra in deinen gesamten Körper und dein Energiefeld fließen. Wenn du möchtest, kannst du die Energie auch zu anderen Menschen strömen lassen und dich so aus deinem Herzen heraus mit ihnen verbinden.

Wenn du dich noch intensiver mit den Energien der Chakras beschäftigen möchtest, empfehle ich dir mein Buch und mein Kartenset »Chakra-Energie«.*

* Buch: Chakra-Energie – Handbuch für jeden Tag, Schirner Verlag 2020; Kartenset: Chakra-Energie – Kraftvolle Impulse für die tägliche Praxis, Schirner Verlag 2019.

Das Gefühlsfenster

Zu unserem Leben gehört eine Vielfalt an Gefühlen. Sie alle zusammen machen das Leben intensiver, bunter und damit erfüllender. Und damit meine ich wirklich alle Gefühle, auch jene, die wir nicht so gern haben und fühlen wollen, wie Angst oder Wut. Nachdem du jetzt weißt, dass auch die negativen Gefühle eine wichtige Rolle in unserem Leben spielen, hat sich vielleicht dein Denken über sie schon etwas verändert.

Der Widerstand gegen negative Gefühle, das Verdrängen und Nicht-wahrhaben-Wollen, kostet uns viel Energie. Wir kämpfen gegen etwas an, was zu uns gehört. Diese Gefühle wollen uns etwas mitteilen, sie haben eine Aufgabe: Sie zeigen uns auf, dass in unserem Leben etwas nicht stimmig ist, dass etwas verändert werden, etwas geheilt werden sollte.

Die Idee, nur die angenehmen Gefühle in unser Leben einzuladen und die unangenehmen draußen zu lassen, funktioniert sowieso nicht. Das fühlende Herz entscheidet nämlich nicht zwischen guten und schlechten Gefühlen, es bewertet nicht. Die Aufgabe des Herzens ist, zu fühlen – und es will alles fühlen, was da ist! Wenn wir etwas nicht fühlen wollen, verschließen wir nach und nach unser Herz. Wir grenzen uns insgesamt vom Fühlen ab, von den negativen genauso wie von den positiven Gefühlen. Irgendwann fühlen wir nur mehr auf Sparflamme. Das Fühlen von tiefer Freude ist also nur dann möglich, wenn wir auch der Traurigkeit, der Wut und der Angst Raum geben.

Jeder von uns hat ein bestimmtes »Gefühlsfenster«, in dem sich das Fühlen abspielt. Damit ist gemeint, dass wir ein Gefühl erst dann wahrnehmen, wenn es eine gewisse Intensität hat, und wir das Gefühl auch nur bis zu einem bestimmten Niveau wahrnehmen, wo es für uns noch händelbar ist. Wenn ein Gefühl zu schwach ist, nehmen wir es gar nicht wahr, und sobald ein Gefühl zu stark wird, schließen wir sozusagen das Fenster.

Grundsätzlich ist jeder von uns in der Lage, die volle Bandbreite von Gefühlen zu erleben. Inwieweit diese Fähigkeit ausgeschöpft wird, ist individuell sehr verschieden. Es hängt davon ab, welchen Zugang wir zu unseren Gefühlen haben, ob wir ihnen Aufmerksamkeit schenken, welche Erfahrungen wir mit dem Fühlen gemacht haben und ob wir gelernt haben, mit unseren Gefühlen umzugehen. Gefühle können also unterschiedlich intensiv sein. Stelle dir das wie eine Skala vor, die von 0 bis 100 Prozent reicht. Bei manchen Menschen beginnt das Fühlen erst bei einer Gefühlsintensität von 40 Prozent oder darüber und reicht vielleicht bis 70 Prozent. Es gibt also eine Untergrenze, man kann sie auch als Taubheitsgrenze bezeichnen, unter der nichts oder kaum etwas gefühlt wird. Es gibt auch eine Ober- bzw. Schmerzgrenze, wo es gefährlich wird, zu fühlen. Das bedeutet, dass ein zartes Gefühl gar nicht registriert wird, während ein starkes Gefühl als zu intensiv empfunden wird, woraufhin derjenige die Schotten dicht macht. Die meisten von uns fühlen also nur einen Ausschnitt von dem, was fühlbar wäre.

Vielleicht reicht dir das ja auch, und du denkst dir: »Noch mehr fühlen? Ich weiß schon jetzt nicht, wie ich mit meinen Gefühlen zurechtkommen soll!« Ich kann deine Bedenken nachvollziehen. Ich kann dir aber versichern, dass du mit jedem zusätzlichen Prozent wachsen und mehr zu dir kommen wirst. Du dehnst dich aus und kommst gleichzeitig immer mehr bei dir an, da das Fühlen der Zugang zur äußeren und zur inneren Welt ist. Menschen, die intensiv fühlen, meinen häufig, sie wären zu sentimental, zu weinerlich, und verbergen ihre Feinfühligkeit lieber vor anderen, um nicht als Heulsuse oder Weichling zu gelten. Ich glaube allerdings, dass wir alle wieder zu unserem natürlichen und damit feinen Fühlen zurückfinden sollten. Die Welt würde anders aussehen, wenn wir wieder bewusster fühlen würden. Es gäbe weniger Aggressionen aufgrund unterdrückter Gefühle, weniger Verurteilungen, weniger Ausbeutung, da wir wieder zu tiefem Mitgefühl fähig wären. Die Natur hat uns die Fähigkeit des Fühlens gegeben, damit wir uns berühren lassen und die Verbundenheit mit allen Geschöpfen spüren.

Jeder von uns hat einen inneren Gefühls-Seismografen. Wie steht es um deinen? Reagiert er rasch und empfindsam? Oder braucht es schon einiges, bis er ausschlägt? Bist du ein Mensch, der schnell und sensibel auf Gefühle reagiert? Und was tust du, wenn es intensiv wird? Steigst du dann aus?
Was macht es denn so gefährlich, intensiver und weiter zu fühlen? Warum scheint es sicherer zu sein, lieber nichts zu fühlen? Meist steckt die Angst dahinter, diesen Gefühlen ausgeliefert zu sein, nicht zu wissen, wie man mit ihnen umgehen soll.

Die Gefühlstaubheit drückt sich auch dadurch aus, dass wir immer intensivere, grellere Reize brauchen, um überhaupt etwas zu spüren. Wir sind nicht mehr offen für die zarten, feinen Signale. Zudem ist unsere Aufmerksamkeit viel mehr nach außen als nach innen gerichtet. Wir lassen uns durch Fernsehen, Werbung und Konsum ablenken, sind immer online oder in Gesellschaft, wir denken zu viel, dämpfen die Gefühle durch übermäßiges Essen, Süßigkeiten, zu viel Arbeit, Rauchen, Alkohol … Moderne Gesellschafts- und

Wirtschaftssysteme haben auch wenig Interesse daran, dass wir wieder intensiver fühlen und uns mehr mit uns selbst verbinden. Denn dann wären wir unabhängiger und freier, nicht mehr so leicht manipulier- und kontrollierbar.

Übung:

Wie groß ist dein Gefühlsfenster?

Nimm einen Stift zur Hand, und trage in die Tabelle die jeweilige Unter- und Obergrenze deines Fühlens ein. (Wenn du nicht in das Buch schreiben willst, kannst du natürlich auch ein Blatt Papier verwenden.) Sei ganz spontan, mache es, ohne darüber nachzudenken. Wie stark müssen deine Angst, deine Traurigkeit, deine Freude und deine Wut sein, damit du sie überhaupt wahrnimmst, und ab wie viel Prozent wird es gefährlich?

Gefühl	Untergrenze in Prozent	Obergrenze in Prozent
Angst		
Freude		
Wut		
Traurigkeit		

Schaue dir deine Einschätzung an. Gibt es bedeutende Unterschiede zwischen den einzelnen Gefühlen?
Denke nun an konkrete Situationen in deinem Leben, in denen du die jeweiligen Gefühle wahrgenommen hast, und schaue, ob sich deine Bewertungen dort widerspiegeln.

Wie gesagt, jeder von uns ist grundsätzlich fähig, von 0 bis 100 Prozent zu fühlen, wenn wir uns dem Fühlen wieder öffnen. Fühlen kann trainiert werden. Wenn wir unseren Gefühlen wieder Aufmerksamkeit und Wohlwollen schenken, vergrößern wir das Gefühlsfenster. Je intensiver und feiner wir fühlen, desto intensiver und feiner können wir das Leben in all seinen Facetten wahrnehmen, lassen uns berühren, fühlen uns verbunden und ganz.

Übung:
Dehne dein Gefühlsfenster aus

Mit dieser Übung kannst du dein Gefühlsfenster energetisch wahrnehmen und es vergrößern. Versuche, den Kopf auszuschalten, nicht zu denken oder zu analysieren, während du sie durchführst, sondern mache sie intuitiv, und lasse deine Hände, deinen Körper sprechen.

Wähle ein Gefühl aus, zum Beispiel die Angst. Halte die Handflächen mit ein wenig Abstand zueinander. Nun bewege die Hände ganz langsam auseinander mit der Absicht, dein derzeitiges Gefühlsfenster der Angst wahrzunehmen. Wie weit kannst du die Hände voneinander entfernen? Ab wann spürst du einen Widerstand? Halte diese Position. Das ist dein momentanes Gefühlsfenster. Wie weit lässt es sich öffnen? Vielleicht kommen dir Zahlen in den Sinn, zum Beispiel 20 bis 80 Prozent.

Was wäre, wenn du dein Gefühlsfenster in beide Richtungen noch ein kleines Stück mehr öffnen würdest? Probiere, über den Widerstand hinauszugehen. Bewege die linke Hand zunächst etwas weiter nach links, und dehne so deine Untergrenze aus. Dann bewege die rechte Hand etwas weiter nach rechts, und dehne so deine Ober-

grenze aus. Nimm wahr, was das mit dir macht. Spüre in deinen Körper hinein. Nimmst du dort eine Reaktion wahr? Je nachdem, mit welchem Gefühl du arbeitest, kann sich auch das entsprechende Chakra bemerkbar machen. Bei Angst wäre es das Wurzelchakra, bei Freude das Sakralchakra, bei Wut das Solarplexuschakra und bei Traurigkeit das Herzchakra.
Versuche bei dieser Übung nicht, etwas zu erzwingen. Sei liebevoll und sanft dir gegenüber, und lasse geschehen.

Dein Herz
möchte fühlen,
und zwar alles,
was es zu *fühlen* gibt.

Was wir tun, um nicht zu fühlen

Wenn es uns zu viel wird, hat jeder von uns seine eigenen Verhaltensweisen entwickelt, um nicht fühlen zu müssen. Vielleicht kennst du ja eine dieser Strategien: eine Tafel Schokolade verdrücken, drei Bier statt einem trinken, shoppen gehen, sich beim Sport vollkommen auspowern, sich in die Arbeit stürzen, gerade von einer Reise zurück sein und schon die nächste planen.
Es kann genauso gut sein, dass du den Raum verlässt, wenn dich etwas zu sehr berührt. Vielleicht wirst du wütend und greifst den anderen an, machst ihn für deine Gefühle verantwortlich und beschuldigst ihn. Oder du überspielst das Ganze, machst dich darüber lustig. Eventuell versuchst du auch, deine Gefühle rein rational wahrzunehmen und sie zu analysieren.

All diese Strategien helfen uns dabei, nicht oder zumindest weniger zu fühlen und damit möglichen Schmerz zu vermeiden. Sie haben sich aus einem instinktiven Schutzmechanismus heraus entwickelt. Unser Stammhirn, der älteste Teil des Gehirns, aktiviert in Stresssituationen ein Überlebensprogramm, das entweder Flucht, Kampf oder das Erstarren als Folge hat. Diese drei Ausdrucksformen finden wir auch wieder, wenn wir Angst vor dem Fühlen haben: Wir flüchten uns in etwas, kämpfen gegen etwas an oder erstarren und reagieren überhaupt nicht mehr.
Auch wenn unser Überleben heute kaum mehr in Gefahr ist, wird dieser Schutzmechanismus immer wieder aktiviert, vor allem unter

Stress und in Situationen, die uns gefühlsmäßig überfordern, weil sie uns zum Beispiel an belastende Ereignisse aus der Kindheit erinnern. Wir schützen uns bzw. weichen aus, um das Gefühl nicht mehr fühlen zu müssen.

Meist möchten wir unangenehme Gefühle vermeiden. Es ist aber auch möglich, dass wir versuchen, positiven Gefühlen aus dem Weg zu gehen. Eine mögliche Ursache dafür kann sein, dass es in unserer Ursprungsfamilie nicht erlaubt war, sich gut zu fühlen, und uns schon als Kind unsere unbändige Freude abgewöhnt wurde. Oder wir haben Angst davor, dass die guten Gefühle nicht anhalten, weil alles vergänglich ist, und wir danach in einen Abgrund stürzen. So kann es sein, dass du mit deinem Partner einen wunderschönen Abend verbringst und dann aus heiterem Himmel einen Streit mit ihm vom Zaun brichst.
Diese Programme werden unbewusst aktiviert, wenn wir an die Obergrenze des Gefühlsfensters stoßen. Dann tun wir etwas, wodurch wir uns weniger gut fühlen, sodass wir uns wieder in der gewohnten Norm unseres Gefühlsspektrums bewegen.

Übung:
Steige aus deinen Programmen aus

Werde dir zunächst bewusst, welche Verhaltensweisen du an den Tag legst, um etwas nicht zu fühlen. Beobachte dich in Situationen, in denen es gefühlsmäßig eng, tief oder anderweitig bedrohlich wird.

Tue dann das, was du üblicherweise machst, zum Beispiel dein Handy zur Hand nehmen, um nachzuschauen, ob dir jemand geschrieben hat, und frage dich: »Warum mache ich das gerade? Was möchte jetzt gefühlt werden?«
Dann spüre in deinen Körper hinein, und gib dem Fühlen Raum und Ausdruck. Wenn du willst, lege eine Hand auf dein Herz, und atme hinein. Das hilft dir, bei dir zu bleiben.
Auch wenn du vielleicht keine klare Antwort bekommst, verändert sich etwas in dir: Du gehst nach innen, schenkst dir Zuwendung und stärkst die Verbindung zu dir. Du wirst bewusster und aufmerksamer und nimmst zunehmend wahr, wann und wie du aus dem Fühlen aussteigst.

Diese Übung ist eine sanfte und liebevolle Einladung an dich selbst, wieder mehr zu fühlen. Durch die Fragen und das Nach-innen-Gehen klopfst du auch immer wieder an die Tür deines Gefühlskörpers an. Dabei handelt es sich um ein Energiefeld, das deinen physischen Körper umgibt. Du kannst ihn dir wie einen Speicher vorstellen, in dem all deine Gefühle enthalten sind. Du darfst deinen Gefühlskörper immer wieder reinigen und klären genauso wie deinen physischen Körper. Im Kapitel »Der Körper fühlt mit«, S. 47, erfährst du mehr darüber. Manchmal braucht es etwas Geduld, bis sich die Tür zu unserer Gefühlswelt öffnet.

Der Körper fühlt mit

Unsere Gefühle wie auch unsere Gedanken sind eng mit unserem Körper verbunden. Jeder Gedanke löst ein Gefühl aus, und jedes Gefühl verursacht im Körper eine Reaktion.
Probiere Folgendes aus: Schließe die Augen, und sage laut oder innerlich: »Ich muss mich beeilen.« Welches Gefühl löst dieser Satz in dir aus, und welche Veränderungen nimmst du in deinem Körper wahr? Bemerkst du vielleicht eine aufkeimende Angst und einen Druck auf der Brust? Nun sage laut oder innerlich: »Ich darf mir auch Zeit lassen.« Welche Reaktion löst dieser Satz in deinem Körper aus, und welches Gefühl nimmst du nun wahr? Als ich dieses kleine Experiment durchführte, spürte ich beim zweiten Satz Entspannung und fühlte mich gelöster.

Negative Gefühle haben eine niedrigere Schwingung als positive und beeinflussen dementsprechend deinen Gefühlskörper, der durch sie schwerer und dichter wird. Wenn du diese Gefühle nicht ausdrückst, sie verdrängst und nicht klärst, bleiben sie im Gefühlskörper. Da dieser den physischen Körper umgibt, wirkt sich das mit der Zeit immer mehr auf deine körperliche Befindlichkeit aus. Nicht gelebte Gefühle arbeiten und wirken in deinem Inneren also weiter. Du kannst dich dann mit einem Kochtopf vergleichen, in dem es brodelt. Du verschließt ihn mit einem Deckel, aber darunter brodelt es weiter. Der Druck wird immer größer, bis es entweder zu einer Explosion kommt – das könnte ein Kontrollverlust in Form eines Wutanfalles sein –, oder du es hinunterschluckst und damit die destruktive Energie gegen dich selbst richtest. Verschiedene physische oder auch psychische Beschwerden können die Folge sein.

Fast jeder von uns hat mindestens eine körperliche Schwachstelle. Der eine hat mit Migräne zu kämpfen, der andere hat Rückenprobleme, bei einem weiteren treten immer wieder Entzündungen auf. Oder wir leiden unter psychischen Erkrankungen wie Depression* oder Burn-out. All diese Probleme können auf einen gestörten Energiefluss in den Chakras aufgrund unterdrückter Gefühle hinweisen.

Wie bereits erwähnt, ist die Angst dem **Wurzelchakra** zugeordnet, das mit den Beinen und Füßen, den Knien, dem Becken, der Wirbelsäule, den Zähnen und den männlichen Geschlechtsorganen in Verbindung steht. So kann es sein, dass nicht wahrgenommene oder unterdrückte Angst beispielsweise zu Schlafstörungen, Kniebeschwerden, Zahnschmerzen oder Erektionsproblemen führt.

Die Freude ist dem **Sakralchakra** zugeordnet, das mit den Nieren, der Blase, den weiblichen Geschlechtsorganen und dem Blut in Verbindung steht. Nicht gelebte Freude kann also zum Beispiel eine Blasenentzündung, Nierensteine, sexuelle Lustlosigkeit, Geschlechtskrankheiten oder Menstruationsbeschwerden nach sich ziehen.

Die Wut ist dem **Solarplexuschakra** zugeordnet, das mit den Verdauungsorganen in Verbindung steht. Wenn wir unsere Wut hinunterschlucken, anstatt sie auszudrücken, können Magenbeschwerden wie Gastritis, Essstörungen, Gallen- oder Leberprobleme die Folge sein.

Die Traurigkeit ist dem **Herzchakra** zugeordnet, das mit der Lunge, dem Herzen, der Haut und dem Immunsystem in Verbindung

* Das Wort »Depression« kommt vom lateinischen *deprimere,* was »etwas niederdrücken« bedeutet.

steht. Unterdrückte Traurigkeit kann sich unter anderem in Atembeschwerden, Herzrhythmusstörungen, Hautkrankheiten oder Allergien äußern.*

Während Gefühle verdrängt werden können, lassen sich körperliche Symptome nicht mehr so leicht ignorieren. Der Körper weist ganz klar darauf hin, dass etwas in uns in Disharmonie geraten ist, und fordert uns auf, etwas zu ändern, um die ursprüngliche Balance wiederherzustellen. Natürlich sollten wir bei Beschwerden medizinische Hilfe in Anspruch nehmen. Gleichzeitig ist es aber wichtig, dass wir uns auch den Gefühlen und Themen widmen, die mit den Problemen in Verbindung stehen können.
Meiner Erfahrung nach stehen alle Schmerzen und Symptome stets mit Gefühlen in einem Zusammenhang. Daher möchte ich dich einladen, dir die Zeit zu nehmen, um herauszufinden, welches Gefühl mit deinen Beschwerden verbunden ist.

Vor Kurzem hatte ich ein interessantes Erlebnis: Während eines Spaziergangs wurde ich von einem Hund aggressiv angebellt. Er handelte sich zwar um ein kleines Tier, dennoch hatte ich Angst vor ihm. Ich wollte es erschrecken und habe mit den Füßen fest aufgestampft. In diesem Moment fuhr ein Schmerz in mein linkes Knie. Ich konnte kaum mehr auftreten und habe hinkend die Flucht ergriffen. Als ich wieder zu Hause war, habe ich ein paar Dehnungsübungen gemacht, um die Anspannung aus dem Körper zu entlassen. Daraufhin ging es mir zwar etwas besser, aber der Schmerz war noch da.
Am nächsten Tag habe ich bewusst in den Schmerz hineingeatmet und ihm meine Aufmerksamkeit geschenkt. Plötzlich tauchte ein

* Wenn du mehr über die Chakras und deren physische und psychische Themen wissen willst, empfehle ich dir mein Buch: Chakra-Energie – Handbuch für jeden Tag. Aktiviere die Lebensenergie, und schöpfe aus dem Vollen!, Schirner Verlag 2020.

intensives Gefühl der Angst auf. Für einen Moment war es, als würde mich die Angst regelrecht überfluten. Sie kam direkt aus meinem Knie. Mir kamen die Sätze in den Sinn: »Ich habe Angst, der Situation nicht gewachsen zu sein. Ich habe Angst, dass ich nicht standhalten kann. Ich habe Angst, es nicht zu schaffen.« Zugleich spürte ich eine große Erleichterung, und ich nahm wahr, wie sich die Energien in meinem Körper veränderten und zu fließen begannen. Zwei Stunden später war der Schmerz vollkommen verschwunden. Ich konnte mein Knie wieder durchstrecken und ganz normal belasten. So schnell und einfach hatten sich meine Schmerzen noch nie zuvor aufgelöst.

Mir wurde bewusst, dass der Hund nur der Auslöser für eine Angst gewesen war, eine Angst, die tief in mir saß und sich auf die Veränderungen bezog, die zu dieser Zeit in meinem Leben stattfanden. Schon allein dieser Bewusstseinsprozess wirkte sehr heilend. Ich konnte das Gefühl erkennen, es liebevoll wahrnehmen und Ja zu ihm sagen.

Folgende Übungen helfen dir, Spannungen im Körper aufzulösen, dich von niedrigen Schwingungen zu befreien und deinen Gefühlskörper zu reinigen.

Übung:
Lasse mit dem Atem los

Spüre in deinen Körper hinein. Wo fühlt er sich angespannt an? Wo nimmst du Druck wahr? Atme sanft ein, und lenke den Atem ganz liebevoll zu diesem Bereich. Hülle ihn mit dem Atem ein,

und belebe ihn so mit neuer Energie. Atme aus, und lasse die Anspannungen los, indem du dir vorstellst, wie sie mit dem Atem aus deinem Körper strömen.
Wenn du Schmerzen hast, kannst du diese auch mit dem Atem loslassen. Atme in den Schmerz hinein, und stelle dir vor, wie er mit dem Atem davongetragen wird.
Du kannst die Atemübung ebenfalls nutzen, wenn du in dir ein negatives Gefühl wahrnimmst. Spüre in deinen Körper hinein, und lokalisiere das Gefühl. Wenn du zum Beispiel Wut im Bauch hast, atme tief durch die Nase ein, und puste die Luft durch den Mund wieder aus. Stelle dir vor, wie die Wut beim Ausatmen regelrecht aus deinem Bauch geschleudert wird. Mache das so lange, bis du dich leichter fühlst.

Übung:
Seufze, stöhne, gähne

Gibst du vielleicht auch tagsüber, ohne darüber nachzudenken, ab und zu einen tiefen Seufzer von dir? Ich ertappe mich immer wieder dabei. Diese Seufzer oder auch das Stöhnen helfen dir, Spannungen abzubauen. Das Gähnen wirkt ebenfalls erleichternd. Deshalb unterdrücke es nicht, sondern gähne herzhaft. Dein Körper baut damit Blockaden ab. Es ist ein ganz natürlicher Impuls, den wir auch aus der Tierwelt kennen. Hunde zum Beispiel gähnen, wenn sie überfordert sind. Wir Menschen kontrollieren bewusst oder unbewusst diesen Impuls, weil es uns abgewöhnt wurde, ihm zu folgen. Also gähne, stöhne und seufze.

Übung:
Der stumme Indianerschrei

Stehe aufrecht, die Füße sind hüftbreit auseinander, gehe leicht in die Knie, balle die Hände zu Fäusten, und schreie, ohne einen Ton von dir zu geben. Hüpfe dabei auf und ab. Dadurch wird Energie in deinem Körper freigesetzt.
Dieser stumme Schrei wurde von Indianerstämmen praktiziert, um sich auf einen Kampf einzustimmen, ohne die Feinde auf sich aufmerksam zu machen. Die Übung ist also besonders gut geeignet, wenn du an einem Ort bist, wo du nicht laut schreien kannst.
Kinder mögen den stummen Schrei besonders gern.

Anhand der Körpersprache lässt sich die Wechselwirkung von Körper und Psyche gut erkennen. Vielleicht beobachtest du auch manchmal Menschen und denkst dir dann: »Das ist ein zufriedener Mensch«, oder: »Dieser Mensch ist unglücklich.«
Unser Körper drückt aus, wie wir uns fühlen – durch unsere Haltung, unsere Mimik und unsere Gestik. Die nonverbale Kommunikation ist ehrlicher und spontaner als die verbale. Das fällt besonders auf, wenn wir jemanden fragen: »Wie geht es dir?« Die meisten antworten automatisch: »Gut.« Wenn wir eine ehrliche Antwort haben wollen, brauchen wir nur auf die Körpersprache unseres Gegenübers zu achten.

Der Körper drückt aber nicht nur unsere Gefühle aus, sondern wir können unsere Gefühle auch über ihn beeinflussen. Das

hermetische Prinzip der Entsprechung* besagt: »Wie innen, so auch außen.« Das Ganze lässt sich aber auch umdrehen: »Wie außen, so auch innen.« Wenn du deine Körperhaltung veränderst, so verändert sich also auch deine Stimmung.
Mit folgendem Experiment kannst du dieses Prinzip wahrnehmen: Setze dich auf einen Stuhl, beuge den Rücken nach vorn, und lasse die Arme zwischen den Beinen herunterhängen. Spüre nach. Welche Gefühle löst diese Körperhaltung in dir aus?
Nun wechsle die Haltung. Richte den Oberkörper auf, die Brust ist etwas nach vorn gestreckt. Strecke nun beide Arme senkrecht nach oben. Lächeln ist auch erlaubt. Was verändert sich jetzt in dir?

Du hast sicher schon bemerkt, dass deine Gefühle sich verändern, wenn du körperlich aktiv bist. Wenn du deinen Körper in Bewegung bringst, bringst du auch deine Gefühle zum Fließen, und sie können sich verändern. Jede Form von Bewegung, Körperarbeit und körperunterstützende Therapien wirken sich deshalb positiv auf deine Psyche und dein Gefühlsleben aus. Besonders der Wechsel von körperlicher Anspannung und Entspannung führt dazu, dass Gefühle wieder in den Fluss kommen. Mir persönlich gefällt Yoga sehr gut, vor allem die Dehnungen im Yin-Yoga wirken sehr lösend und befreiend. Aber auch Massagen und die sanfte Bowen-Technik** helfen, Spannungen im Körper aufzulösen.

---

* Mehr dazu in: Drei Eingeweihte und William Walker Atkinson: Kybalion – Die 7 hermetischen Gesetze. Aurinia Verlag 2011.

** Die Methode beruht auf Abfolgen von auf eine bestimmte Weise ausgeführten Griffen – meist leichte rollende Bewegungen, die mit den Fingern ausgeführt werden. Durch die sogenannten Bowen-Moves an Schlüsselstellen von Muskeln, Sehnen, Bändern und Faszien wird der Körper angeregt, sich neu zu ordnen. Durch die Lockerung des Gewebes können Blut und Lymphflüssigkeit besser fließen, Nerven werden entlastet, Schmerzen werden reduziert, das Selbstheilungssystem wird angeregt, die Funktion der inneren Organe wird unterstützt, im seelischen Bereich kann ein Ausgleich stattfinden, das allgemeine Wohlbefinden bessert sich.

Probiere doch einmal aus, dich zu bewegen, wenn es dir nicht so gut geht. Es kann sein, dass es dich einiges an Überwindung kostet, vor allem, wenn du dich gerade in einem Gefühlstief befindest. Aber es lohnt sich, glaube mir. Wenn ich mich schlecht fühle, mache ich am liebsten einen langen Spaziergang in der Natur. Ich spüre die Erde unter meinen Füßen, atme tief durch, gehe auch etwas schneller und bringe mein Herz zum Klopfen … Danach geht es mir immer besser. Welche Art der Bewegung bereitet dir am meisten Freude? Ob Tanzen, Schwimmen, Laufen, Gehen, Yoga, Wandern, Klettern oder Radfahren – alles, was deinen Körper in Bewegung bringt, bewegt auch deine Gefühle.

Aber nicht immer haben wir die Zeit und den Raum, uns unseren Gefühlen zu widmen. Schließlich muss die Arbeit erledigt, die Kinder wollen versorgt werden. Es gibt auch Situationen, die wir im Moment nicht ändern können und durch die wir einfach durchmüssen.
So kann es zum Beispiel sein, dass sich in dir die Angst breitmacht, weil du vor anderen Menschen sprechen musst. Dann nimm die Körperhaltung eines selbstbewussten Menschen ein: Die Füße stehen hüftbreit und fest auf dem Boden, die Knie sind leicht gebeugt, die Wirbelsäule ist aufgerichtet, die Schultern sind leicht nach hinten unten gezogen, der Hals ist lang und der Kopf gerade. Durch diese Haltung strahlst du nicht nur auf deine Zuhörer Selbstbewusstsein aus, sondern stärkst und beruhigst dich auch selbst. Zusätzlich kannst du dich mit positiven Gedanken unterstützen, wie: »Ich stehe zu mir und sage, was ich zu sagen habe.« Dazu findest du mehr im Kapitel »Denke anders, und du fühlst dich besser«, S. 83.

Das erinnert mich an eine vergangene Situation. Ich war gerade auf der Fahrt zu einem Tagesseminar, als mich eine Freundin an-

rief. Sie erzählte, dass sie die Diagnose Krebs erhalten hatte und die Prognose nicht gut war. Das Gespräch berührte mich sehr. Ich war aufgewühlt und weinte. Nichtsdestotrotz hatte ich einen Auftrag und musste vor eine Gruppe treten. Daher entschied ich mich, meiner Traurigkeit und Angst später Zeit zu schenken. Ich atmete tief durch, achtete bewusst auf eine selbstbewusste Körperhaltung, lächelte und richtete mich so positiv auf das Seminar aus.
Du fragst dich sicher, wie ich unter diesen Umständen lächeln konnte. Nein, mir war ganz gewiss nicht danach zumute. Ich habe es dennoch gemacht. Warum? Das erfährst du in der übernächsten Übung.

Du bist also in der Lage, dich auch in wirklich schweren Momenten durch deine Körperhaltung selbst zu unterstützen. Dann kannst du das, was getan werden muss, zunächst erledigen, bevor du dich im Anschluss daran deinen Gefühlen zuwendest.

Übung:
Richte dich auf

Es ist einfacher, von einem Augenblick zum anderen die Körperhaltung zu ändern als die Gefühle. Werde dir im Laufe des Tages immer wieder bewusst, wie deine Körperhaltung ist, ob sich deine Schultern nach vorn neigen, du gebückt bist, dein Kopf nach unten hängt, wie deine Mimik ist. Sind deine Mundwinkel nach unten gezogen, oder sind sie entspannt?
Verändere bewusst deine Körperhaltung. Beginne, dich aufzurichten, strecke dich, entspanne die Stirn, und atme bewusst tief ein

und aus. Du kannst dich auch fragen: »Wenn ich der glücklichste Mensch der Welt wäre, wie würde ich das zeigen?«
Du kannst diese Übung auch vor einem Spiegel machen, damit du den Unterschied siehst.

Übung:
Lächle, und du fühlst dich besser

Ich weiß, wenn einem nicht danach zumute ist, ist es schwierig, zu lächeln. Aber es lohnt sich. Denn sobald deine Mundwinkel nach oben gehen, bekommt dein Körper den Impuls, Glückshormone auszuschütten. Diese bewirken, dass du dich besser fühlst. Also lächle – auch wenn es ein künstlich erzeugtes Lächeln ist.
Damit die Glückshormone wirksam werden, sollte das Lächeln mindestens 60 Sekunden andauern. Wenn du spontan lächelst oder lachst, werden bereits nach 15 Sekunden Glückshormone ausgeschüttet. Lachen tut deiner Gesundheit gut. Denn die ausgeschütteten Endorphine wirken zugleich entzündungshemmend und schmerzstillend. Lachen entspannt deine Körperzellen und öffnet sie, sodass sie wieder Nährstoffe aufnehmen können. Lache so viel und so häufig, wie du kannst. Schaue dir Filme an, die dich zum Lachen bringen. Lies Bücher, die dich aufheitern. Umgib dich mit Menschen, die Freude ausstrahlen und gern und oft lachen.
Lächle also, und dann spüre aufmerksam nach, was sich in dir verändert. Vielleicht bemerkst du ein angenehmes Kribbeln im Brustbereich oder ein Gefühl von Entspannung und Weite. Atme in dieses Gefühl hinein, und lasse es so noch größer und intensiver werden.

Wenn du deinen
Körper bewegst,
bringst du auch deine
Gefühle in Bewegung.

Gib deinen Gefühlen Raum

Je mehr du dich im Alltag deinen Gefühlen widmest, ihnen Raum schenkst und sie verarbeitest, desto weniger stauen sie sich an und belasten dich. Durch das Annehmen und bewusste Fühlen wirst du merken, dass negative Gefühlszustände rascher vorbeigehen. Denn wenn sie da sein durften, du verstanden hast, warum sie da waren, und du ihren Impulsen gefolgt bist, haben sie ihre Aufgabe erfüllt.

Wenn du beginnst, den Fokus nach innen zu richten, um deine Gefühle bewusst wahrzunehmen, kann es sein, dass einiges an die Oberfläche kommen wird. Nach und nach werden sich auch die Gefühle zeigen, die lange Zeit tief im Verborgenen vorhanden waren, wodurch sich dir die Chance eröffnet, deinen Gefühlskörper zu klären und mit deiner Gefühlswelt ins Reine zu kommen.

Das Fühlen beginnt mit der Bereitschaft, zu fühlen. Spüre in dich hinein, ob du deinen Gefühlen mehr Zeit und Raum in deinem Leben geben möchtest.
»Bin ich bereit, zu fühlen, was da ist?« Was löst diese Frage in dir aus, wenn du sie laut aussprichst? Eventuell kommt ein klares Ja, möglicherweise aber auch ein Zögern oder ein Vielleicht. Wie es ist, ist es gut. Setze dich nicht unter Druck, sondern beginne einfach mit dem, was da ist. Zur Unterstützung kannst du vorher auch noch einmal dein momentanes Gefühlsfenster (siehe Kapitel »Das Gefühlsfenster«, S. 35) wahrnehmen und es etwas ausdehnen.

Wenn du ein Gefühl wahrnimmst, es aber nicht fühlen möchtest, frage dich, wovor du Angst hast. Meist ist die Angst vor dem Gefühl schlimmer als das Gefühl selbst. Du kannst dann mit der Angst in Verbindung treten, indem du den folgenden Satz beendest: »Ich habe Angst zu fühlen, weil …«
Es kann sein, dass eine der folgenden Ängste dich davon abhält, dich deinen Gefühlen zu stellen:

- **die Angst, die Kontrolle zu verlieren**
- **die Angst, nicht mit dem Gefühl umgehen zu können**
- **die Angst, nicht mehr aus dem negativen Gefühlszustand herauszukommen**
- **die Angst, das Gefühl nicht aushalten zu können**

Es geht nicht darum, die Angst aufzulösen, sondern darum, sie wahrzunehmen und da sein zu lassen. Durch das bewusste Wahrnehmen und das Benennen der Angst verändert sich bereits etwas in dir. Bejahe deine Angst, gib ihr Raum, und widme dich dann den Gefühlen, die gefühlt werden möchten.
Je mehr du deinen Gefühlen einen sicheren Raum gibst, desto mehr heißt du das, was in dir ist, willkommen und schenkst dir selbst liebevolle Zuwendung. Dadurch wirst du immer mehr von innen nach außen leben. Das bedeutet, dass du gefühlsmäßig weniger auf deine Umgebung reagierst, sondern zunehmend auf das, was aus dir selbst kommt. Im Zuge dessen kannst du dich besser abgrenzen und zwischen deinen eigenen Gefühlen und Energien und denen anderer unterscheiden.

Übung:
Gönne dir deine Fühlzeiten

Schenke dir täglich etwas Zeit, in der du in die Stille gehst, um zu fühlen. Das können auch nur 2 bis 3 Minuten sein, gern auch mehrmals am Tag. Schließe dazu die Augen, und gehe mit deiner Aufmerksamkeit nach innen. Spüre deinen Körper, nimm deinen Atem wahr, und stelle dir die Fragen: »Was fühle ich? Wie atme ich? Was spüre ich im Körper?«
Mehr ist nicht zu tun. Du brauchst auch nichts mit dem zu machen, was dir in den Sinn kommt. Du musst nichts verändern. Das Wahrnehmen und das Beschreiben reichen vollkommen.
Damit schenkst du deinen Gefühlen deine bewusste Aufmerksamkeit, würdigst das, was da ist. Mit ein wenig Übung wirst du die Gefühle auch mit offenen Augen wahrnehmen und benennen können. Du trittst immer mehr in Kommunikation mit dir selbst, stärkst die Verbindung zu deinem Fühlen, deinem Spüren und deinem Sein.

Übung:
Verbinde dich mit einem Gefühl

Nimm dir etwas Zeit, und sorge dafür, dass du durch nichts abgelenkt wirst, dass es still um dich herum ist. Du kannst dich hinsetzen oder hinlegen. Nimm Kontakt mit dem Gefühl auf, das gerade in dir herrscht. Versuche, es auch körperlich zu lokalisieren. Meist geht ein Gefühl mit einer Körperwahrnehmung einher. Bei Traurigkeit kann das zum Beispiel ein Druck- oder Engegefühl im Brust- oder Halsbereich sein.
Als Nächstes benenne das Gefühl. Das geht leichter, wenn du dir die Frage stellst: »Wie fühle ich mich gerade?«, oder: »Was fühle ich jetzt?«
Ist es Wut, Angst, Traurigkeit oder Freude? Wenn es sich um Traurigkeit handelt, sage: »Ich bin traurig«, oder: »Ich nehme Traurigkeit in mir wahr.« Bejahe deine Traurigkeit, indem du sagst: »Es ist okay, traurig zu sein. Die Traurigkeit darf jetzt da sein.«
Atme nun sanft ein und aus, und bleibe mit der Traurigkeit in Verbindung. Du darfst sie auch noch intensiver fühlen. Lasse den Atem zu der Körperstelle fließen, wo du sie wahrnimmst, und atme sanft in den Druck oder die Enge hinein. Wenn Tränen kommen, dann weine, halte nichts zurück, sondern lasse alles da sein, was sich zeigen will. Du wirst sehen, wie sich die Traurigkeit durch dein sanftes Atmen und deine liebevolle Annahme verändert.
Je öfter du diese Übung machst, umso besser wirst du all deine Gefühle wahrnehmen können, auch dann, wenn du gerade in Aktion bist. Also wiederhole sie immer wieder.

Je mehr *Raum*
du deinen *Gefühlen* gibst,
desto klarer werden sie.

Gib deinen Gefühlen Ausdruck

Gefühle sind dazu da, um gelebt und mitgeteilt zu werden. Ihnen Ausdruck zu geben, ist enorm wichtig, um sie verarbeiten zu können. Warum aber können und wollen wir unsere Gefühle nicht zeigen? Es gibt Überzeugungen in uns, die wir bereits als Kind mitbekommen haben: »Sei stark, und beiße die Zähne zusammen!«, »Sei keine Heulsuse!«, »Indianer kennen keinen Schmerz!« … Wir haben vielleicht auch erlebt, dass es besser ist, Gefühle nicht zu zeigen, dass sie nicht gut bei anderen ankommen, wir wegen ihnen bestraft oder nicht mehr geliebt werden. Und nicht selten haben wir nie gelernt, wie wir unsere Gefühle ausdrücken können.

Stelle dir vor, du willst ein Bild aufhängen und schlägst dir mit dem Hammer auf den Daumen. Was machst du üblicherweise? Schreist du? Weinst du vor Schmerz? Oder kneifst du die Lippen zusammen und schluckst den Schmerz runter?
So, wie wir im Alltag mit physischem Schmerz umgehen, gehen wir meist auch mit emotionalem Schmerz um. Für das Gehirn besteht zwischen diesen beiden Schmerzerfahrungen kein Unterschied, da emotionale und körperliche Schmerzen dieselbe Gehirnregion aktivieren und dort als Erinnerung gespeichert werden. Aus diesem Grund ist die Erinnerung an einen emotionalen Schmerz auch gleich belastend wie die Erinnerung an einen physischen Schmerz, und wir können beide auf dieselbe Art und Weise verarbeiten.

Deine Gefühle auszudrücken, bedeutet nicht unbedingt, dass du sie jedem erzählen musst, sondern dass du sie zunächst für dich anerkennst und auch lebst. Wenn du traurig bist, darfst du weinen. Wenn du Schmerzen spürst, darfst du schreien. Wenn du wütend bist, darfst du toben.
Für viele Menschen ist es schwer, anderen ihre Gefühle zu offenbaren. Sie haben Angst, ihr Innerstes zu entblößen, und machen deshalb vieles mit sich selbst aus. Heutzutage gibt es zahlreiche Möglichkeiten, sich kompetent unterstützen zu lassen. Ob Psychologen, Lebensberater oder Coaches – sie alle haben gelernt, ihren Klienten intensiv zuzuhören und sie professionell zu begleiten. Es ist kein Zeichen von Schwäche, sich Beistand zu suchen, sondern es zeugt von Selbstwertschätzung. Wenn du also merkst, dass du mit etwas nicht mehr allein zurechtkommst, lasse dir helfen.

Wenn ich gerade niemanden habe, mit dem ich sprechen kann, führe ich Selbstgespräche. Ich spreche laut oder in Gedanken aus, was mich beschäftigt und berührt. Meist tue ich das während eines Spaziergangs, da es mir dann am leichtesten fällt. Manchmal stelle ich mir auch vor, dass jemand neben mir geht und wie ich diesem Menschen alles erzähle. Dadurch wird mir vieles bewusster, in mir entsteht Klarheit.

Wenn wir unseren Gefühlen Ausdruck geben, stärken wir zunächst die Beziehung zu uns selbst. Denn durch das Spüren und Wahrnehmen gehen wir mit uns selbst in Verbindung, sind uns selbst sehr nah. Und wir sind auch sehr präsent, weil wir dem, was in diesem Moment wirklich da ist, Raum geben.
Je mehr wir unsere Gefühle wahrnehmen und sie benennen können, umso leichter wird es uns auch fallen, sie mit anderen Menschen zu teilen. Durch diese Offenheit kann in unseren Beziehungen mehr Nähe entstehen. Indem wir uns in unserer Verletzlichkeit zeigen,

machen wir uns zwar angreifbarer, aber wir zeigen auch, wer und wie wir wirklich sind – ohne Maske, echt und authentisch. Unsere Beziehungen werden sich auf positive Weise verändern, wenn wir lernen, unsere Gefühle mit Familienmitgliedern oder Freunden zu teilen. Sie werden inniger, erlangen eine neue Tiefe.

Natürlich sollten wir unseren Gefühlen nicht ohne Rücksicht auf andere Raum geben und sie nicht an unseren Mitmenschen auslassen. Wir haben immer die Verantwortung für unsere Gefühle. Dennoch neigen wir manchmal dazu, anderen die Schuld zu geben, wenn es uns nicht gut geht. Ganz nach dem Motto: »Weil du das getan hast, geht es mir schlecht – du bist schuld daran!«

Mir gefällt der Ansatz der gewaltfreien Kommunikation nach Marshall Rosenberg.* Hierbei geht es darum, für die eigenen Gefühle Verantwortung zu übernehmen und sich mitzuteilen, ohne dem anderen Vorwürfe oder Druck zu machen.
Der erste Schritt der gewaltfreien Kommunikation besteht darin, zu benennen, was du beobachtest hast und dein Gefühl ausgelöst hat, zum Beispiel: »Ich warte seit einer Stunde auf dich.«
Im zweiten Schritt beschreibst du das Gefühl. Spüre in dich hinein, nimm das Gefühl wahr, benenne es, und teile es mit: »Ich bin traurig«, »Ich bin enttäuscht«, »Ich bin wütend« …
Im dritten Schritt ergründest du, welche Bedürfnisse nicht erfüllt sind und deshalb in dir dieses unangenehme Gefühl ausgelöst haben. Zum Beispiel: »Ich bin enttäuscht, weil mir Verlässlichkeit wichtig ist.«
Der vierte Schritt besteht darin, eine Bitte bzw. einen Wunsch zu formulieren, beispielsweise: »Ich bin enttäuscht, weil mir Verlässlichkeit wichtig ist. Ich bitte dich, das nächste Mal anzurufen, wenn du nicht pünktlich kommen kannst.«

* Mehr dazu in: Marshall B. Rosenberg: Gewaltfreie Kommunikation – Eine Sprache des Lebens. Junfermann Verlag 2016.

Um sich auf diese Weise ausdrücken zu können, ist es unerlässlich, zuerst einen inneren Klärungsprozess zu durchlaufen. Gib dir dafür die Zeit, die es braucht. Wurden deine Gefühle verletzt, musst du nicht sofort darauf reagieren. Warte ab, zähle bis zehn, atme tief durch. Versuche das, was du fühlst, und das, was du brauchst, zu benennen. Wenn du es für dich geklärt hast, dann teile dich mit. Du wirst beobachten, dass du nicht mehr so emotional reagierst und dass deine Worte besser bei deinem Gegenüber ankommen.

Die folgenden Übungen helfen dir dabei, deinen Gefühlen Ausdruck zu geben. Indem du sie von innen nach außen beförderst, befreist du dich von belastenden Energien und klärst deinen Gefühlskörper.

Übung:
Summe ein »AH«

Die Silbe »AH« löst negative Gefühlszustände auf und bringt dich zurück in die Gegenwart. Sie erweitert den Radius deiner Wahrnehmung und lässt dich Verbundenheit spüren.*
Setze, stelle oder lege dich hin. Schaue in den Himmel, und beginne nun, die Silbe »AH« zu summen, sodass dein ganzer Körper von diesem Klang durchströmt wird. Lasse dabei deinen Blick in der Weite des Himmels ruhen. Fahre fort, bis dein Körper, deine Energien und alle Räume, die du sehen und fühlen kannst, von diesem »AH« erfüllt sind.

---

* Mehr dazu in: Julie Henderson: Embodying Well-being oder Wie man sich trotz allem wohl fühlen kann, AJZ Verlag 2001.

Übung:
Töne deine Gefühle

Benenne das Gefühl, das gerade präsent ist, und nimm wahr, wo in deinem Körper es sich befindet. Sitzt es zum Beispiel im Hals, im Bauch oder in der Brust? Atme in diesen Bereich hinein, und lasse beim Ausatmen einen lang gezogenen Ton entstehen. Gib dem Gefühl einen Ton. Vielleicht möchtest du den Ton lauter werden lassen oder seine Tonlage variieren. Gehe ganz intuitiv an das Tönen heran, und mache es so lange, bis du dich freier und gelöster fühlst.

Übung:
Trommle, stampfe, schreie

Mit dieser Übung kannst du besonders gut der Wut und der Angst Ausdruck geben.
Lege dich rücklings auf den Boden. Winkle die Beine an, die Füße sind etwa hüftbreit auseinander. Forme die Hände zu Fäusten.
Nun beginne, mit den Fäusten und Fußsohlen auf den Boden zu trommeln bzw. zu stampfen, und schreie so laut, wie du kannst.
Danach strecke dich aus, schließe die Augen, atme, und spüre nach.
Du wirst dich erschöpft, aber auch erleichtert fühlen.

Übung:
Erzähle, was dich bewegt

Es tut gut, sich auszusprechen, sich auszuweinen, sich etwas von der Seele zu reden. Du verarbeitest deine Gefühle, indem du sie in Worte fasst. Das schenkt dir Klarheit darüber, was in dir vorgeht. Hast du jemanden, dem du erzählen kannst, was dich bewegt? Teile dich einem Menschen mit, dem du vertraust und der das Erzählte für sich behalten kann. Es geht weniger darum, dass diese Person dich durch einen Rat unterstützt, sondern vielmehr darum, deine Gefühle mit ihr zu teilen. Du wirst sehen, danach ist dir viel leichter ums Herz.

Übung:
Übergib deine Gefühle dem Feuer

Sich den Kummer von der Seele zu schreiben, ist sehr effektiv. Es befreit und wirkt klärend.

Besorge dir ein Blatt Papier und einen Stift, nimm dir etwas Zeit, und suche dir einen Ort, wo du ungestört bist. Nun lasse alles auf das Blatt Papier fließen, was in dir hochkommt, ohne Zensur. Schreibe alles nieder, was dich bewegt, all deine Gedanken, all deine Gefühle. Achte beim Schreiben nicht darauf, wie du etwas

formulierst. Lasse einfach alles ungefiltert raus. Du wirst dich schon während des Schreibens leichter und befreiter fühlen.
Um wirklich alles loszulassen, führe ein Feuerritual durch. Durch das Verbrennen der geschriebenen Worte lässt du bewusst los, du übergibst alles dem Feuer und seiner Transformationskraft. Dazu brauchst du eine feuerfeste Schale, ein Streichholz oder Feuerzeug und ein Teelicht. Entzünde das Teelicht in der Schale, gib das beschriebene Papier hinein, und bitte darum, dass sich alles Belastende im Feuer auflösen möge und dass es transformiert werde. Die Asche übergibst du anschließend der Erde.

Über Gefühle und Emotionen

Was unterscheidet Gefühle von Emotionen?

Meine Erfahrung in der Arbeit mit Menschen hat gezeigt, dass wir meist jene Gefühle vermeiden, die aus der Kindheit stammen und nicht oder nicht vollständig verarbeitet wurden. Dabei kann es sich um eigene, aber auch von anderen übernommene Gefühle handeln. Diese alten, nicht vollendeten Gefühle nennt man auch Emotionen, und sie können immer wieder durch aktuelle Situationen wachgerufen werden.

Als Kind warst du in bestimmten Situationen hilflos und überfordert. Wenn zum Beispiel deine Eltern wütend auf dich waren, dann warst du ihrer Wut ausgeliefert, du konntest weder weglaufen noch dich wehren. Das Überlebensprogramm deines Stammhirnes hat dir geholfen, diese Situation zu überstehen, indem es dich in eine schützende Starre verfallen ließ. Vielleicht hast du damals auch unbewusst die Entscheidung getroffen: »Ich darf nichts sagen und muss still sein.«
Diese Kindheitserfahrungen und die an sie gekoppelten unbewussten Entscheidungen sind tief in deinem Inneren abgespeichert, und das alte Programm wird jedes Mal aktiviert, wenn du als Er-

wachsener in eine ähnliche Situation kommst. Wenn sich also heute jemand über dich aufregt und wütend auf dich ist, bist du nicht fähig, dich zu wehren. Du reagierst nicht, bleibst still und lässt es über dich ergehen. Erst nachdem alles vorbei ist, fragst du dich, warum du nichts erwidert oder getan hast.

Es kann auch sein, dass du als Kind oft wütend warst und bestraft wurdest, wenn du deine Wut gezeigt hast. Vielleicht hast du damals entschieden: »Ich muss immer lieb und nett sein, damit ich Zuwendung bekomme.« Oder du hast dir damals Liebe und Nähe gewünscht, die dir deine Eltern aber nicht gaben oder geben konnten. Du fühltest dich allein, abgeschnitten und bist möglicherweise zu dem Schluss gekommen: »Ich bin nicht liebenswert.«

Die meisten von uns haben gelernt, diese Emotionen zu unterdrücken, sie nicht nach oben kommen zu lassen. Auch hier spielen Ängste wieder eine große Rolle: Angst, der Situation nicht gewachsen zu sein, Angst vor Hilflosigkeit, Angst, mit den Gefühlen nicht umgehen zu können, Angst, dass der alte Schmerz einen überrollt.
Es gibt aber einen guten Grund, warum diese Emotionen in uns aufsteigen: Die alten Gefühle wollen wahrgenommen, anerkannt, vollendet und somit geheilt werden. Heilung kann dann geschehen, wenn wir bereit sind, uns den Emotionen zu öffnen.

Woran erkennst du, dass es sich um eine Emotion und nicht um ein Gefühl handelt? Gefühle entspringen dem Hier und Jetzt und ebben schnell ab, sobald sie gefühlt wurden. Bei Kindern können wir das besonders gut beobachten: In einem Moment sind sie traurig und weinen, im nächsten können sie wieder lachen und sich freuen.

Wenn du dich beim Autofahren über einen rücksichtslosen Fahrer ärgerst, handelt es sich um ein Gefühl, wenn du nach 2 bis 3 Minuten nicht mehr daran denkst. Wenn es dich hingegen noch lange beschäftigt, kannst du davon ausgehen, dass es sich um eine Emotion handelt. Die Situation mit dem Straßenrowdy hat dich an ein altes Gefühl erinnert und es wieder hervorgeholt.
Eine Emotion kann dich stunden-, sogar tagelang beschäftigen. Sie ist hartnäckig, will, dass du ihr Raum gibst, sie bewusst und vollständig fühlst, damit du sie abschließen und somit heilen kannst.

Vollende und heile deine Emotionen

Zunächst geht es darum, zu erkennen, dass es sich um eine Emotion handelt. Wenn du immer wieder Situationen erlebst, die in dir ähnliche intensive Gefühle auslösen, ist sehr wahrscheinlich ein altes, nicht vollständig gelebtes Gefühl der Auslöser.
Besonders die Menschen, die dir nahestehen, bringen diese unerlösten Gefühle in dir zum Vorschein. So kann es sein, dass das Verhalten deines Partners, deiner Kinder, deiner Eltern oder deiner Freunde dich immer wieder in eine emotionale Krise stürzen lässt. Das wird so lange geschehen, bis du die Emotion dahinter erkannt und geheilt hast.

Unsere Beziehungen sind wie Spiegel, die uns unsere eigenen Schatten zeigen. Häufig verurteilen wir andere für deren Verhalten, weil wir uns von ihnen angegriffen und somit als Opfer fühlen. Wir richten unsere Energie also nach außen, statt sie nach innen zu lenken, dorthin, wo wir unsere Schatten in Form unerlöster Themen und Gefühle erkennen können.
Wenn du dich durch das Verhalten einer anderen Person sehr verletzt fühlst oder dich immens darüber ärgerst, möchte ich dich an dieser Stelle einladen, dich zu fragen, ob du dieses Gefühl auch aus anderen Zusammenhängen kennst. Wenn dem so ist, welches eigentliche Thema könnte dahinterstecken?
Natürlich solltest du dennoch die aktuelle Situation ansprechen und klären. Das Mitteilen deiner Gefühle ist sehr wichtig, das hast du bereits im Kapitel »Gib deinen Gefühlen Ausdruck«, S. 65, erfahren. Genauso wichtig ist es aber, das Geschehene und die dadurch aus-

gelösten Emotionen umfassend zu betrachten, um der Ursache der Emotionen auf den Grund zu gehen.

Wenn dich die Angst vor dem Schmerz davon abhält, dich der jeweiligen Emotion zu stellen, mache dir bewusst, dass diese Angst weitaus schlimmer ist als der tatsächliche Schmerz, der sich zeigt, wenn du das alte Gefühl bewusst wahrnimmst. Es geht nicht darum, das Vergangene nochmals zu durchleben, sondern darum, sich für eine Erkenntnis zu öffnen und das, was immer wieder anklopft, bewusst zu integrieren.
Als erwachsener Mensch verfügst du über Ressourcen, die dir helfen, eine vergangene Situation zu beleuchten und aufzuarbeiten. Du brauchst nur etwas Mut und eine klare Entscheidung, um dich dieser Situation und der damit verbundenen Emotion zu stellen.

Wenn du eine Emotion vollenden möchtest, höre zunächst auf, vor ihr wegzulaufen, dich abzulenken und anderen die Schuld für deine Gefühle zu geben. Lasse all deine bekannten Vermeidungsstrategien hinter dir, und komme wieder ins Fühlen. Wenn dich das nächste Mal eine Situation herausfordert, du aufgewühlt bist, dann nimm dir etwas Zeit und Raum, und gehe folgendermaßen vor:

Stelle dir zunächst die Frage: **»Was nehme ich in meinem Körper wahr?«** Gibt es einen Bereich, wo du Enge, Spannung oder Druck wahrnimmst? Atme in diesen Bereich hinein.
Frage dich dann: **»Welches Gefühl ist jetzt da?«** Dazu kannst du die vier Grundgefühle nacheinander abfragen: **»Ist es Angst? Ist es Wut? Ist es Traurigkeit? Ist es Freude?«**
Es kann auch mehr als ein Gefühl da sein. Vielleicht ist es auch eine Gefühlsmischung, wodurch die einzelnen Gefühle nicht mehr klar wahrnehmbar und unterscheidbar sind. Versuche in diesem Fall

zunächst, die Gefühle zu differenzieren, indem du sie benennst, zum Beispiel: **»Ich fühle Traurigkeit, ich fühle Angst.«** Du kannst dich auch fragen, wie viel Prozent Traurigkeit, wie viel Prozent Angst du fühlst.

Nun geht es darum, die Gefühle in deinem Körper zu entwirren. Nimm wahr, wo sich das Gefühlsknäuel im Körper befindet. Stelle dir vor, wie du mit deinen Händen die Gefühle in diesem Bereich ergreifst und sie auseinanderziehst, bis sie sich voneinander lösen. Dann hole sie aus deinem Körper heraus, und lege sie vor dich hin. Frage dann: **»Welches dieser Gefühle will zuerst gefühlt werden?«**
Die Antwort kommt meist sehr spontan. Ist es die Traurigkeit oder die Angst?
Wenn die Traurigkeit als Erstes gefühlt werden möchte, dann nimm sie in beide Hände, und gib sie in deinen Herzensraum hinein. Schenke ihr deine Aufmerksamkeit, fühle sie, und sage ihr, dass sie da sein darf. Vervollständige den Satz: **»Ich bin traurig, weil …«**
Mache danach dasselbe mit der Angst. Nimm sie in die Hände, gib sie in deinen Herzensraum, fühle sie, und sage auch ihr, dass sie da sein darf. Vervollständige den Satz: **»Ich habe Angst, weil …«**
Du kannst den Satz auch nacheinander mit verschiedenen Enden formulieren, denn das jeweilige Gefühl kann durchaus mehrere Ursachen haben. Dadurch wird dir nicht nur bewusst, was der aktuelle Auslöser der Angst und der Traurigkeit ist, sondern du findest auch heraus, was du jetzt brauchst oder wozu dich das Gefühl auffordert.

Um noch etwas mehr in die Tiefe zu gehen und dem ursprünglichen Auslöser auf die Spur zu kommen, kannst du weitere Fragen stellen. Lasse die Antworten wieder intuitiv und spontan kommen:

- **»Woher kommt dieses Gefühl?«**
- **»Welche Situation aus der Vergangenheit kommt mir in den Sinn?«**
- **»Wie alt war ich damals?«**
- **»Was habe ich damals erfahren?«**
- **»Wie habe ich mich damals gefühlt?«**
- **»Was hätte ich damals gebraucht?«**
- **»Was habe ich damals entschieden?«**

Vor allem als Kind neigen wir dazu, die Gefühle anderer zu übernehmen, zum Beispiel die nicht gelebte Traurigkeit der Mutter, die Angst des Vaters. Aber auch, wenn wir erwachsen sind, sind wir nicht dagegen gefeit. Deshalb ist die Unterscheidung von eigenen und fremden Emotionen hilfreich. Wenn es sich um eine Emotion handelt, die nicht zu dir gehört, kannst du sie an den Besitzer zurückgeben.

Zum Beispiel trug eine Klientin eine ungeheure Wut in sich. Als es darum ging, herauszufinden, warum sie ständig wütend war, kam keine Antwort. Daraufhin stellte ich ihr die Frage, ob es ihre eigene Wut sei, die sie fühlte, und sie antwortete sofort: »Nein, es ist die Wut meiner Mutter.«
Die Klientin nahm auf energetischer Ebene die Wut aus ihrem Bauch und legte sie vor sich auf den Boden. Dann trug sie diese in ihrer Vorstellung zu ihrer Mutter und legte sie vor deren Füßen ab. Dabei sagte sie: »Ich entscheide mich, dir die Wut zurückzugeben und sie nicht mehr für dich zu tragen.«

Besonders feinfühlige Menschen übernehmen oft unbewusst die Gefühle anderer. Auch ich neige dazu, wodurch es manchmal schwer ist, zu unterscheiden, was zu mir gehört und was nicht.

Hier ist es umso wichtiger, bei sich zu bleiben, sich auf gesunde Weise abzugrenzen und den eigenen Gefühlen Raum zu geben. Dabei hilft die Frage: **»Ist das mein Gefühl, oder gehört es zu jemand anderem?«**
Wenn du zum Beispiel Traurigkeit in dir wahrnimmst, kannst du dich fragen, zu wie viel Prozent die Traurigkeit zu dir gehört. Ziehe den Anteil, der nicht zu dir gehört, energetisch aus dir heraus, und gib ihn dorthin, wo er hingehört. Mit dem anderen Teil kannst du dich beschäftigen.
Wir können auch kollektive Gefühle in uns aufnehmen und mit ihnen in Resonanz gehen. Wenn in einer Gesellschaft zum Beispiel die Angst umgeht, kann dies dazu führen, dass die eigenen noch nicht erlösten Gefühle hervortreten. Auch hier kannst du jenen Teil des Gefühls, der dich nicht betrifft, aus dir herausziehen und zurückgeben.

Entscheide dich neu! Würdige das, was in dein Bewusstsein tritt. Schaue dir aus der Distanz selbst zu – dem kleinen Kind, das du damals warst und das unbewusst eine Entscheidung traf, die sein Überleben gesichert hat. So, wie es war, war es gut. Aber heute bist du erwachsen, und du kannst dich bewusst neu und anders entscheiden und damit die Verantwortung für dein Leben übernehmen. Sprich spontan aus, was dir in den Sinn kommt. Zum Beispiel: »Ich entscheide mich heute dafür, meiner Wut Raum zu geben und mich abzugrenzen von dem, was mir nicht guttut.« Damit darf das Gefühl der Wut da sein. Du nimmst es an und integrierst den Anteil in dir, den du damals unbewusst verneint hast.

Es kann auch passieren, dass du nichts fühlst, dass du deiner Körperwahrnehmung kein Gefühl zuordnen kannst. Wenn du nichts fühlen solltest, dann gib diesem Nichts Raum und Aufmerksamkeit:

»Wie fühlt sich das Nichts an? Was könnte sich in dem Nichts verbergen? Was könnte auftauchen, wenn ich dem Nichts Raum geben würde?«
Wenn die Antworten auf die Fragen nicht sofort da sind, erzwinge nichts. Es ist möglich, dass die Informationen erst nach und nach in dein Bewusstsein treten oder dann, wenn du sie brauchst. Solltest du den Eindruck haben, allein nicht weiterzukommen, suche dir professionelle Unterstützung. In einem sicheren Raum und in Begleitung ist es oft leichter, alte Gefühle und Themen zu klären.

Zur Heilung von Emotionen möchte ich mit dir noch ein Beispiel aus einem Coaching teilen. Eine Klientin erzählte mir, dass sie sich in unterschiedlichen Situationen häufig überfordert fühlte, sei es während der Arbeit, in der Freizeit oder im Zusammenleben mit der Familie. Ihr wurde immer wieder etwas zu viel, raubte ihr jegliche Energie, machte sie kraftlos.
Als wir in die jeweiligen Situationen hineinfühlten, kam die Angst zutage – eine Angst, die ihren Ursprung in der Kindheit hatte.
Bei der Frage nach dem Ursprung des Gefühls erinnerte sich die Klientin an eine lang vergangene Situation, in der sie als Einzige in der Familie immense Angst erlebt hatte. Die Eltern wie auch die Geschwister konnten damals ihre Angst nicht nachvollziehen und haben dementsprechend nicht darauf reagiert.
Das führte dazu, dass meine Klientin als Kind die Entscheidung traf: »Ich tue alles, um dazuzugehören und so zu sein wie die anderen.« Infolgedessen distanzierte sie sich von ihrer natürlichen feinfühligen Art und kam immer wieder in Situationen, die sie überforderten.
Indem der Klientin die Zusammenhänge klar wurden, konnte sie eine neue Entscheidung treffen. Sie lautete: »Ich sage Nein, wenn mir etwas zu viel wird.« Dadurch war sie wieder in der Lage, ihren Gefühlen zu vertrauen und auf sich selbst, ihr Inneres zu hören.

Denke anders, und fühle dich besser

Ein Zitat von Marc Aurel besagt, dass das Glück deines Lebens von der Beschaffenheit deiner Gedanken abhängt. Womit wir uns gedanklich beschäftigen, bestimmt also, wie wir uns fühlen. Daher möchte ich dich einladen, dir deiner Gedanken bewusster zu werden. Denn dann kannst du sie und damit dein Gefühlsleben neu ausrichten.

Laut Studien haben wir am Tag im Schnitt 60.000 Gedanken. Von diesen vielen Gedanken sind nur 3 Prozent aufbauend. 25 Prozent sind schädliche Gedanken, zum Beispiel, wenn wir uns selbst oder andere negativ beurteilen. 72 Prozent sind flüchtige und unbedeutende Gedanken, die aber dennoch wirken. Wie deine Gedanken beschaffen sind, ist ausschlaggebend für deine Stimmung: Positive Gedanken lösen positive Gefühle und körperliche Entspannung aus. Negative Gedanken lösen negative Gefühle und körperliche Anspannung aus. Im Kapitel »Der Körper fühlt mit«, S. 47, hast du bereits die Wechselwirkung zwischen deinen Gedanken, deinen Gefühlen und deinem Körper in einem kleinen Experiment nachvollziehen können. Auf Dauer hat das natürlich auch Auswirkungen auf deine grundsätzliche physische und psychische Gesundheit.
Suche also gezielt nach neuen Gedanken, durch die du dich besser fühlst. Folgende Frage finde ich dabei besonders hilfreich: **»Was sollte ich denken, um mich so zu fühlen, wie ich es gern hätte?«**

Indem du nach förderlichen Gedanken suchst, eröffnen sich dir neue Sichtweisen. Du kannst Situationen aus einer anderen Perspektive und umfassend betrachten.

Meist bewegst du dich in festgefahrenen Denkmustern: Gedanken, die du dir selbst sagst oder die du gesagt bekommen hast und die als Glaubenssätze wirken. Das sind grundlegende Überzeugungen oder Vorurteile, nach denen du dein Leben ausrichtest, wie: »Arbeit ist mühsam«, »Das Leben ist ein Kampf«, oder: »Ich darf es mir leicht machen«, »Ich habe es verdient, glücklich zu sein«.
Diese Glaubenssätze sind wie Filter, durch die du die Welt wahrnimmst. Wenn du beispielsweise davon überzeugt bist, dass dich niemand mag, wirst du das Verhalten deiner Mitmenschen dementsprechend wahrnehmen und interpretieren. Und dir fällt vielleicht gar nicht auf, dass jemand liebevoll zu dir ist.

Es gibt jene Glaubenssätze, die dich positiv unterstützen, genauso wie solche, die dich blockieren. Deine Glaubenssätze sind sehr stark, du strahlst sie aus und ziehst genau das an, wovon du überzeugt bist. Wenn einer deiner Glaubenssätze besagt »Ich habe nicht genug«, dann wird sich dieser Glaubenssatz auch in deinem materiellen Leben zeigen. Du wirst erleben, nicht genug zu haben. Du bekommst also das, woran du glaubst – auch wenn du dir dessen nicht bewusst bist.

Wie kannst du deine negativen Glaubenssätze verändern? Ganz einfach indem du dir neue Glaubenssätze überlegst. Ein Glaubenssatz ist nichts anderes als ein Gedanke, den du sehr oft wiederholt hast. Stelle dir einen Weg im Wald vor, den du oft gegangen bist, er wird sehr breit und ausgetreten sein. Wenn du beginnst, einen neuen Weg zu gehen, wird dies anfänglich etwas mühsam sein, denn der neue Weg ist nicht so angenehm zu gehen wie der alte. Er ist eher ein Trampelpfad. Je öfter du aber den neuen Weg beschreitest, desto breiter wird er werden. Und der alte Weg wird mit der Zeit zuwachsen.

Sich selbst bewusst zuzuhören, ist eine wichtige Voraussetzung, um den eigenen Glaubenssätzen auf die Spur zu kommen. Wie du innerlich mit dir sprichst und was du anderen Menschen sagst, gibt dir Aufschluss darüber, wie du denkst.
Folgende Satzanfänge weisen auch auf Glaubenssätze hin: »Ich muss …«, »Das tut man nicht …«, »Das ist so und so …« Wenn du bemerkst, dass du sie verwendest, frage dich: »Ist das wirklich wahr?« Denn hinter solchen Aussagen verstecken sich oft deine festgefahrenen Überzeugungen.

Du kannst auch dein äußeres Leben betrachten und dir anschauen, welche Erfahrungen sich ständig wiederholen. Welcher Glaubenssatz könnte sich dahinter verbergen? Wenn du zum Beispiel immer wieder negative Erfahrungen in der Liebe machst, könnte ein hinderlicher Glaubenssatz lauten: »Ich habe die Liebe nicht verdient.«

Übung:
Stoppe das Gedankenkarussell

Lenke immer wieder dein Bewusstsein auf dein Denken. Wenn du merkst, dass du sorgenvollen oder ängstlichen Gedanken nachhängst, sage innerlich sofort »Stopp!«. Ich stelle mir dazu gern das entsprechende Verkehrszeichen vor. Steige so schnell wie möglich aus dem Gedankenkarussell aus, denn je mehr dieses Fahrt aufnimmt, desto schwieriger wird es.
Und nun richte deine Aufmerksamkeit auf etwas anderes. Etwas Angenehmes. Etwas Schönes. Etwas, was dir guttut. Vielleicht möchtest du an deinen letzten Urlaub denken. An ein schönes Erlebnis. Lenke dich ab, zum Beispiel mit einem guten Buch oder einem netten Film. Oder du denkst organisatorisch: an deine Einkaufs- oder To-do-Liste. Wichtig ist, deinem Verstand eine Alternative anzubieten, sonst hüpft er wieder zurück auf das Gedankenkarussell, und es dreht sich weiter.
Ich habe immer ein inneres Bild griffbereit, das ich sofort abrufen kann, wenn ich merke, dass meine Gedanken zu kreisen beginnen. Das ist ein Bild von einem Ort, an dem ich mich wohlfühlte und ganz entspannt war. Diese Erinnerung rufe ich mir dann ins Bewusstsein, und ich fühle mich wieder gut.

Übung:
Erkenne deine Glaubenssätze

Nimm etwas zum Schreiben, und ergänze die nachstehenden Satzanfänge. Am besten, ohne lange nachzudenken:

- **Ich bin …**
- **Ich bin nicht …**
- **Ich kann nicht …**
- **Ich kann besonders gut …**
- **Im Leben muss man …**
- **Erfolg heißt …**
- **Ich werde nie …**
- **Immer bin ich …**
- **Ich sollte …**
- **Ich bin überzeugt, dass …**
- **Meine Arbeit ist …**
- **Mein Partner ist …**
- **Meine Kinder sind …**
- **Mein Körper ist …**
- **Die Menschen sind …**
- **Das Leben ist …**

Nun frage dich: »Welche Gefühle lösen diese Sätze in mir aus? Tun sie mir gut? Lösen sie in mir Weite und Entspannung aus? Welchen Nutzen haben sie? Was ziehen sie in mein Leben? Welche davon möchte ich so beibehalten? Welche möchte ich verändern?«

Dann formuliere neue Glaubenssätze. Glaubenssätze, die dir ein gutes Gefühl bescheren, dich entspannen, dir neue Wege und Möglichkeiten aufzeigen. Wenn du zum Beispiel denkst: »Im Leben muss man sich durchkämpfen«, kannst du diesen Gedanken verändern in: »Ich lebe mein Leben mit Freude und gebe mein Bestes.« Entscheidend ist, dass dein neuer Glaubenssatz für dich annehmbar ist, dass er zu dir passt, dass du dir selbst glaubst. Vor allem sollte er ein wohliges, gutes Gefühl in dir auslösen.
Um ihn zu aktivieren, wiederhole ihn so oft, wie du kannst.
Schreibe ihn auf deine Handinnenfläche oder auf Klebezettel, und bringe diese sichtbar auf Möbeln in deiner Wohnung an.
Jedes Mal, wenn du dich dabei ertappst, einem alten Glaubenssatz nachzuhängen, halte sofort inne, und denke stattdessen deinen neuen, wohltuenden Satz. Und ärgere dich dann nicht über dich, sondern sei dir gegenüber wohlwollend. Der alte Satz ist schon so lange in deinem System, deshalb wird es immer wieder passieren, dass du dich nach ihm ausrichtest.
Sage dir deinen neuen Glaubenssatz morgens beim Aufwachen und abends beim Zubettgehen. Bleibe dran. Damit erschaffst du neue Gedankengänge in deinem Gehirn, neue Verhaltensmuster in deinem Leben und erzeugst bessere Gefühle in dir.

Das, was du *denkst*, *fühlst* du auch.

Wohin fließt deine Energie?

Wem oder was schenkst du in deinem Leben wie viel deiner Aufmerksamkeit? Das ist eine wichtige Frage, denn Energie folgt immer der Aufmerksamkeit. Das bedeutet, dass die Menschen, Situationen, Themen, Interessen und Dinge, mit denen du dich beschäftigst, von dir Energie erhalten. Meist überlegen wir gar nicht, ob wir jemandem oder etwas Aufmerksamkeit schenken wollen. Ob wir gern unsere wertvolle Lebenszeit dafür investieren. Dabei dürfen wir entscheiden, was wir mit unserer Energie füttern wollen und was nicht.
Also: **Wo schaust du hin, wem hörst du zu? Mit welchen Gedanken beschäftigst du dich? Welche Themen interessieren dich, über was unterhältst du dich? Mit welchen Menschen umgibst du dich?**

Wir bewegen uns auf das zu, mit dem wir uns am meisten beschäftigen. Und wir werden selbst zu einem jener, mit denen wir uns umgeben. Wenn du dich oft mit Menschen unterhältst, die sich Sorgen machen, färbt das auf dich ab. Wenn du dir Gewaltfilme anschaust, so hat das Auswirkungen auf dich.

Vieles in unserer Umwelt giert nach unserer Aufmerksamkeit: Medien, Werbung, Politik … Negative Schlagzeilen, Probleme und Skandale bekommen besonders viel Aufmerksamkeit. Wenn wir nicht achtsam sind und uns nicht bewusst überlegen, was uns wichtig ist, fließt sie dorthin und von dort wieder zu uns zurück. Wie erzeugen einen Energiekreislauf, der Angst und Unruhe entstehen lässt und viele Menschen in negative Gefühlszustände bringt. Das bedeutet nicht, dass du keine Nachrichten mehr hören oder dir anschauen sollst. Aber wenn du sie dir anschaust (Bilder sind besonders wirksam und werden schnell gespeichert), achte einmal genau darauf, welche Gefühle sie in dir auslösen. Reduziere den Konsum auf ein gesundes Maß.

Frage dich immer wieder: **»Tut mir das gut, was ich gerade denke oder tue?«** Wenn die Antwort Nein lautet, kannst du dich entscheiden, die Situation zu verlassen. Wenn dir bestimmte Themen Unbehagen verursachen, dann befasse dich nicht mehr mit ihnen. Wenn du merkst, dass Menschen und deren Geschichten dir nicht bekommen, dann mache einen Bogen um sie, beschränke den Kontakt auf ein Minimum, oder brich ihn ab.

Diese Geschichte veranschaulicht sehr gut, wie wir unsere Aufmerksamkeit bewusst lenken können: Ein alter Indianer sitzt mit seiner Enkelin am Lagerfeuer und erzählt ihr Folgendes: »In jedem von uns tobt ein Kampf zwischen zwei Wölfen. Der eine Wolf ist böse. Er kämpft mit Neid, Eifersucht, Gier, Arroganz, Selbstmitleid, Lügen, Überheblichkeit, Egoismus und Missgunst. Der andere Wolf ist gut. Er kämpft mit Liebe, Freude, Frieden, Hoffnung, Gelassenheit, Güte, Mitgefühl, Großzügigkeit, Dankbarkeit, Vertrauen und Wahrheit.«
Das kleine Mädchen schaut eine Zeit lang ins Feuer, dann fragt es: »Und welcher der beiden Wölfe gewinnt?«
Der alte Indianer schweigt. Nach einer ganzen Weile antwortet er: »Der, den du fütterst.«

Wir können jeden Tag aufs Neue entscheiden, welchen der Wölfe in uns wir füttern. Lasse deine Energie zu dem fließen, was dir guttut, was deine positiven Gefühle nährt. Erlaube dir, dich gut zu fühlen.

Ich schreibe das ausdrücklich, weil ich die Erfahrung gemacht habe, dass Menschen, die ein Gefühlshoch erleben, oft ein schlechtes Gewissen gegenüber jenen bekommen, denen es nicht so gut geht. Dadurch wird das Selbstsabotageprogramm aktiviert, durch das sie aus diesem schönen Gefühlszustand herausgeschleudert werden und es ihnen auch schlecht geht.
Beobachte dich, wenn dir jemand erzählt, wie schlecht es ihm geht. Kannst du dann bei dir bleiben und sagen, dass es dir gut geht? Oder neigst du dazu, dich anzupassen? Es darf dir gut gehen, auch wenn andere Probleme haben. Du bleibst damit in deiner hohen Schwingung und Energie. Das ist für andere Menschen hilfreicher, als wenn du dich auf deren Schwingung hinunterziehen lässt.

Lebe im Hier und Jetzt

Viele Menschen halten sich oft gedanklich in der Vergangenheit oder Zukunft auf. Dabei schwelgen sie aber weniger in schönen Erinnerungen oder malen sich ihre Zukunft rosig aus. Vielmehr verharren sie in negativen Erfahrungen und sorgen sich um die Zukunft. Sie beschäftigen sich nicht mit dem, was gerade ist, sondern mit dem, was war und sein könnte. Von Laotse stammen die Worte: »Wenn du depressiv bist, lebst du in der Vergangenheit. Wenn du Angst hast, lebst du in der Zukunft. Wenn du inneren Frieden erlebst, dann lebst du in der Gegenwart.«

Wir können die Vergangenheit nicht rückgängig machen, und die Zukunft können wir uns nicht zur Gänze ausmalen. Daher sollten wir vor allem dem Jetzt unsere Aufmerksamkeit schenken. Wenn wir uns in vergangenen Zeiten verlieren oder mutmaßen, was alles passieren könnte, erzeugen wir Sorgen, Ängste, Bedauern, Zweifel und Unsicherheiten. Und uns geht wertvolle Energie verloren, die uns inneren Frieden bescheren könnte.

Mir ist klar, dass das Im-Moment-Leben leichter gesagt als getan ist. Wenn du also an die Vergangenheit zurückdenkst, dann versuche, dich an schöne Situationen zu erinnern. An Erlebnisse und Erfahrungen, die dir Freude bereitet haben. Damit beschenkst du dich aufs Neue, und du kannst diese wunderbaren Momente immer wieder auskosten.
Wenn ich unzufrieden damit bin, wie ich mich in einer bestimmten Situation verhalten habe, dann schaue ich auch kurz in die Vergangenheit zurück. Ich nehme nochmals wahr, was passiert ist. Ich reflektiere die Situation, und dann male ich mir aus, wie ich mich das nächste Mal verhalten möchte. Ich stelle mir das bildlich vor, gehe es gedanklich durch. Und damit lasse ich es sein. Es nutzt niemanden etwas, sich stundenlang Vorwürfe zu machen oder sich in Schuldgefühlen zu suhlen und sich damit zu belasten. Es ist hilfreicher, wenn wir etwas aus der Situation gelernt haben und versuchen, es das nächste Mal besser zu machen.

Übung:
Blicke positiv in die Zukunft

Du hast etwas zu planen, zu organisieren? Dann mache es. Das organisatorische Denken liegt unserem Verstand ganz ausgezeichnet. Wenn in dir aber Gedanken wie »Wird wohl alles gut gehen?«, »Was ist, wenn ich es nicht schaffe?« auftauchen, dann haben diese nichts mit der planerischen Aktivität zu tun, sondern damit, dass du dir unnötige Sorgen machst.
Wenn du deine Zukunft positiv beeinflussen willst, visualisiere sie entsprechend. Die Methode der Visualisierung wird im Spitzen-

sport als Mentaltechnik angewandt. Die Sportler verinnerlichen bestimmte Bewegungsabläufe und stellen sich vor, wie sie Bestleistungen erzielen. Das kannst du auch für deine Wünsche und Visionen nutzen.
Stelle dir zunächst vor, dass dein Wunsch oder deine Vision bereits in Erfüllung gegangen ist. Bleibe bei dem Bild, und nimm alles genau wahr. Was kannst du sehen? Woran erkennst du, dass sich dein Wunsch erfüllt hat? Wie fühlt sich das an? Was kannst du sonst noch wahrnehmen? Hörst, schmeckst oder riechst du etwas? Lasse dieses innere Bild so lebendig wie möglich werden. Setze all deine Sinne ein, und koste dieses Gefühl ganz und gar aus. Du gibst deinem Unterbewusstsein kraft dieses Bildes, das mit dem guten Gefühl gekoppelt ist, den Weg vor.
Lasse dieses innere Bild mindestens zweimal täglich lebendig werden – am besten beim Einschlafen und beim Aufwachen. Du kannst dir auch ein Plakat gestalten, auf das du deine Wünsche schreibst oder sie in Form von Bildern aufmalst oder aufklebst. Wichtig ist nur, dass dieses Plakat jedes Mal, wenn du es anschaust, ausschließlich positive Gefühle in dir auslöst und du dich daran erfreust.

Finde durch Achtsamkeit zu innerem Frieden

Hast du dir schon einmal die Frage gestellt, ob wir überhaupt so viel denken müssen? Was wäre, wenn wir weniger Gedanken hätten? Zum einen würden sich die Gefühle beruhigen, wir wären ausgeglichener. Zum anderen würden wir mehr wahrnehmen und beobachten. Wir wären viel mehr im Hier und Jetzt. Wir würden mehr Zeit haben, um uns auf das Schöne im Leben zu fokussieren. Wir hätten weniger Druck und Stress.

Ich erlebe in meinem Alltag oft, dass ich unachtsam bin. Ich finde den Gegenstand nicht, den ich kurz zuvor irgendwo abgelegt hatte. Ich höre anderen nicht immer zu. Ich bin durch meine Gedanken abgelenkt und mache Dinge oft nebenbei. Meine Energien fließen wie aus einer Sprinkleranlage in viele verschiedene Richtungen, wodurch ich unruhig und zerstreut werde.

Achtsamkeit bedeutet für mich, dass ich das, was ich mache, aufmerksam und konzentriert tue. Ich bin mit allen Sinnen präsent. Wenn ich in diesem Zustand bin, dann fühle ich mich wohl, entspannt und friedvoll.
Eine in der Forschungsliteratur am häufigsten zitierten Definitionen stammt von Jon Kabat-Zinn. Sie besagt, dass Achtsamkeit eine absichtsvolle und nicht wertende Form der Aufmerksamkeit ist, die sich statt auf die Vergangenheit oder die Zukunft auf den gegenwärtigen Moment bezieht.

Meditationen und Achtsamkeitsübungen können dir helfen, deine Gedankenaktivität zu beruhigen und damit deine Gefühle auszugleichen. Der ganz normale Alltag bietet unendlich viele Möglichkeiten, achtsam zu sein: Du kannst achtsam kochen, achtsam die Zähne putzen, achtsam mit anderen Menschen in Kontakt gehen … Probiere es einfach aus.

Übungen:
Stärke deine Achtsamkeit im Alltag

Achtsam atmen: Richte den Fokus für einige Minuten auf deinen Atem. Verändere deinen Atem nicht, atme weder schneller noch langsamer, weder tiefer noch flacher, sondern beobachte einfach nur, wie er in dich hineinströmt und deinen Körper wieder verlässt. Das kannst du im Sitzen oder Liegen machen.

Achtsam gehen: Gehe spazieren, und nimm dabei jeden einzelnen Schritt genau wahr. Beobachte, wie sich deine Füße vom Boden abrollen. Am besten geht das barfuß. Was spürst du unter deinen Füßen? Wie bewegst du dich? Was spürst du im Körper, wo fühlst du Leichtigkeit, wo Spannung? Beobachte dich beim Gehen.

Achtsam wahrnehmen: Diese Übung hilft dir, wenn du Druck und Stress wahrnimmst. Du wirst sehen, dass du danach ruhiger und ausgeglichener bist.
Atme zunächst einige Male tief ein und aus. Dann lenke deine Aufmerksamkeit nacheinander auf die verschiedenen Sinneswahrnehmungen:

- **»Was kann ich sehen?«**
  Nimm für ca. 1 Minute nur das wahr, was du siehst.
- **»Was kann ich riechen?«**
  Jetzt rieche für ca. 1 Minute. Nimm alle Gerüche in deiner Umgebung wahr. Am besten mit geschlossenen Augen.

- **»Was kann ich hören?«**
  Nimm ca. 1 Minute lang alle Geräusche wahr. Auch das funktioniert besser mit geschlossenen Augen.
- **»Was kann ich spüren?«**
  Spüre die Wärme deiner Haut. Spüre die Luft um dich herum. Spüre deinen Körper, wie er in Kontakt mit dem Boden ist. Wieder mit geschlossenen Augen für ca. 1 Minute.

Wenn du deine Aufmerksamkeit auf deine Sinneswahrnehmungen lenkst, kommst du ganz schnell wieder bei dir und im Hier und Jetzt an. Frage dich anschließend: »Was habe ich in dieser Zeit gedacht? Was habe ich gefühlt?« Dir wird wahrscheinlich auffallen, dass du ganz bei dem warst, was du wahrgenommen hast, dass keine anderen Gedanken da waren und dass du dich entspannter und ruhiger gefühlt hast.

Lenke deine *Energie* dorthin, von wo Energie in Form von guten *Gefühlen* zu dir zurückkommt.

Erhöhe deine Schwingung

Kannst du dich daran erinnern, wie es ist, verliebt zu sein? Vielleicht bist du es gerade, dann wird es dir umso leichterfallen. Verliebt zu sein, bedeutet, alles um dich herum wie durch eine rosarote Brille zu sehen. Alles ist wunderbar und schön. Die Arbeit macht Freude. Das Essen schmeckt besser. Dein neuer Partner ist der beste Mensch überhaupt. Du schwebst wie auf Wolken, und alles fühlt sich wunderbar leicht an. Wenn du verliebt bist, dann werden in deinem Körper das Hormon Oxytozin und der Botenstoff Dopamin ausgeschüttet. Zudem werden in der Verliebtheitsphase jene Hirnregionen, die für eine kritische Beurteilung zuständig sind, einfach abgeschaltet. Deshalb ist alles so schön, du hast den realistischen Bezug etwas verloren. Nach 6 bis 9 Monaten wird dieser Bereich wieder aktiviert, und es fällt dir wie Schuppen von den Augen: Du bemerkst Dinge an deinem Partner, die du vorher nicht wahrgenommen hast.

Du kannst diesen Zustand des Verliebtseins immer wieder aktivieren. Entscheidend ist, mit welchem Fokus du auf dein Leben schaust. Meist fallen uns die negativen Aspekte viel mehr auf als die schönen Seiten des Lebens. Daher geht es darum, unseren Blick zu verändern und wieder durch die rosarote Brille zu schauen.
Der Blick durch die rosarote Brille aktiviert deine Dankbarkeit. Dankbarkeit für die alltäglichen Dinge in deinem Leben. Dankbar zu sein, ist eine der einfachsten Möglichkeiten, sich schnell wieder besser zu fühlen.

Erst wenn wir etwas für einige Zeit nicht mehr haben oder wir etwas oder jemanden für immer verlieren, werden wir uns oft bewusst, wie wichtig es bzw. die Person uns ist. Mir fällt das besonders auf, wenn ich einige Tage zu Fuß mit dem Rucksack unterwegs bin. Dann bin ich dankbar, wenn ich eine Bank zum Ausruhen und ein bequemes Bett für die Nacht finde. Und wie dankbar bin ich erst, wenn ich wieder daheim bin und die Annehmlichkeiten meines Zuhauses genießen darf.

Die folgende Übung hilft dir, zu erkennen, wofür in deinem Leben du dankbar sein kannst, was deine Wertschätzung verdient. Dadurch fühlst du dich besser, kommst in einen positiven Schwingungszustand.
Und vielleicht weißt du ja, dass es leichter ist, aus einem positiven Zustand heraus jene Dinge in das Leben zu holen, die man sich wünscht. Das ist das Gesetz der Resonanz. Wenn du verärgert und frustriert bist, dass das Leben nicht nach deinen Vorstellungen verläuft, dann strahlst du destruktive Energien aus. Du wirst im Außen nur jene Dinge sehen, die dazu passen, also in Resonanz gehen, und du wirst auch weiterhin ähnliche Themen und Probleme anziehen. Wenn du deine Gefühle und damit deine Schwingung erhöhst, wird dein Blick frei, du bist offen für die positiven Aspekte, die bereits da sind, und du lädst das Glück ein, zu dir zu kommen. Denn das Glück kommt auch lieber dorthin, wo schon ein Quäntchen Freude und Wohlgefühl vorhanden ist.
Mit der rosaroten Brille der Wertschätzung wirst du auch erkennen, dass in dir selbst die Quelle des Glücks liegt, dass du dieses Glücksgefühl selbst entwickeln kannst, unabhängig von äußeren Einflüssen.

Übung:
Schaue durch die Brille der Wertschätzung

Stelle dir vor, du trägst eine Brille, deren Gläser rosarot gefärbt sind. Indem du durch sie schaust, aktivierst du deinen Verliebtheitszustand. Du nimmst nur die positiven, angenehmen Aspekte deines Umfeldes wahr.

Du kannst diese Brille gleich morgens nach dem Aufwachen aufsetzen und dir bewusst machen, dass du in einem gemütlichen, warmen Bett liegst. Du kannst dir bewusst machen, dass du bald aufstehen darfst, um zur Arbeit zu gehen, weil du eine Arbeit hast. Du kannst dich daran erfreuen, dass aus der Dusche warmes Wasser fließt und wie herrlich es ist, einen Kühlschrank zu öffnen, der meist reich befüllt ist. Du wirst dich augenblicklich besser fühlen. Denn wir nehmen so viele Dinge für selbstverständlich. Wenn wir bedenken, dass ein großer Teil der Weltbevölkerung keinen Zugang zu fließendem Wasser hat, können wir uns sehr glücklich schätzen.

Du kannst die Brille überall aufsetzen: zu Hause, bei der Arbeit, beim Einkaufen, auf der Straße … Welche schönen Dinge in deiner Umgebung fallen dir auf? Es gibt so viel Gutes und Schönes, das du wertschätzen kannst. Du siehst es nur oft nicht mehr. Die rosarote Brille hilft dir, deinen Blick dafür wieder zu öffnen.

Übung:
Erhöhe deine Selbstliebe

Sich selbst wertzuschätzen, ist für viele Menschen eine Herausforderung. Wir nörgeln an uns herum, machen uns Druck und sind ziemlich oft selbstkritisch, anstatt liebevoll mit uns umzugehen. Selbstliebe bedeutet, uns selbst Mitgefühl zu schenken, uns selbst durch diese rosarote Brille wahrzunehmen.
Du kannst das üben, indem du dir folgende Fragen beantwortest. Finde für jede Frage mindestens drei Antworten – auch wenn es dir schwerfällt.

- **»Worauf bin ich stolz?«**
- **»Was kann ich gut?«**
- **»Welche positiven Eigenschaften/Fähigkeiten habe ich?«**
- **»Was gefällt mir an mir?«**
- **»Was ist schön an mir?«**
- **»Was ist liebenswert an mir?«**

Mache diese Übung immer wieder einmal. Du wirst sehen, dass dir immer mehr positive Qualitäten von dir bewusst werden.

Übung:
Belebe deine Beziehungen

Mit der Brille der Wertschätzung kannst du auch deine Beziehungen beleben und sie positiver wahrnehmen. Solltest du dich vom Verhalten deines Partners, deiner Kinder, deines Arbeitskollegen oder deines Chefs genervt fühlen, ist dies eine wunderbare Übung. Wir neigen nämlich dazu, in solchen Situationen nur die negativen Seiten des anderen zu sehen und diese aufzubauschen. Mit dieser Brille kannst du deine Wahrnehmung nur auf die positiven Aspekte deines Gegenübers richten. Du darfst dich fragen:

- **»Was schätze ich an dem anderen?«**
- **»Was ist an dem anderen liebenswert?«**
- **»Welche positiven Fähigkeiten und Eigenschaften hat der andere?«**

Mache dies für einige Minuten. So werden sich dein Blick auf diese Person, dein Denken und deine Gefühle wie auch dein Verhalten ihr gegenüber verändern.
Du kannst diese Übung auch schriftlich machen. Schreibe den Namen der Person in die Mitte eines Blatt Papiers und rundherum alles, was dir in den Sinn kommt, wenn du an diese Person denkst, also positive wie negative Begriffe. Achte darauf, dass mindestens fünf positive Sachen auf dem Blatt stehen. Die Fragen helfen dir dabei. Und dann konzentriere dich nur auf die positiven Seiten dieses Menschen. Dadurch kannst du wieder gelöster und freier auf den anderen zugehen.

Übung:
Deine persönliche Abendschau

Ein besonders schönes Ritual ist die persönliche Abendschau. Durch sie kannst du den Tag positiv abschließen und dir gute Gefühle bescheren. Du wirst besser schlafen, wenn du beim Einschlafen an die schönen, angenehmen Dinge denkst, die dir dieser Tag gebracht hat.
Stelle dir abends vor dem Schlafengehen diese Fragen:

- **»Für was bin ich heute dankbar?«**
- **»Wer oder was hat mir heute Freude bereitet?«**
- **»Wem habe ich heute Freude bereitet?«**
- **»Auf was bin ich stolz?«**
- **»Welche Erkenntnisse hat mir der Tag gebracht?«**
- **»Was kann ich mir morgen Gutes tun?«**

Du kannst diese Fragen auch schriftlich beantworten – am besten in einem Positiv-Tagebuch. Lege dir ein schönes Heft zu. Dort schreibst du abends alles hinein, wofür du dankbar bist. Das wird deinen Blick auf das Freudvolle im Leben lenken, und du wirst sehen: Es vermehrt sich.

Du kannst in jedem
Moment deines Lebens
Dankbarkeit
fühlen.

Tue dir und deiner Seele Gutes

Weißt du, was dir guttut? Was bereitet dir Freude? Was bringt dein Herz zum Singen? Achtest du bewusst darauf, dir diese Freuden zu schenken? Wie oft tust du dir bewusst Gutes? Du selbst bist für dein Wohlbefinden verantwortlich. Wenn du ihm Priorität schenkst, wirst du merken, dass es dir grundsätzlich besser geht. Oft vernachlässigen wir uns selbst, schenken anderen Menschen viel Aufmerksamkeit und meinen, immer und jederzeit für sie da sein zu müssen.
Wenn du nur gibst, nicht auf dich selbst achtest, dann werden sich Frust und Ärger in dir breitmachen. Andere können dir das, was du gibst, gar nicht »zurückerstatten«, und du wartest vergeblich darauf.

Es gibt ein schamanisches Sprichwort: »Nähre dich dreimal, erst dann gib etwas weiter. Das erste Mal nährst du dich selbst, das zweite Mal stärkst du deine Reserve, und das dritte Mal brauchst du, damit du etwas zu geben hast.«* Das bedeutet, dass wir zuerst an uns selbst denken sollten. Meist sind wir jedoch bestrebt, die Bedürfnisse anderer zu erfüllen, bevor wir unsere eigenen überhaupt wahrnehmen. Ein Grund dafür mag sein, dass wir nicht egoistisch sein wollen. Ich denke aber, dass es wichtig ist, einen gesunden Egoismus an den Tag zu legen. Ich bin überzeugt, dass wir auf dieser Welt sind, um ein freudvolles Leben zu führen. Ein gesunder Egoismus

---

* Aus: Susanne Hühn: Seminare leiten – ohne Selbstausbeutung, ohne Energieverlust. Schirner Verlag 2015.

bedeutet für mich, sich selbst Aufmerksamkeit, Fürsorge und Liebe zu schenken. Wir verlangen diese zwar von anderen, aber geben sie uns selbst nicht.

Nimm dich selbst ernst, nimm dich wichtig, schenke dir Wertschätzung – du hast es verdient! Das ist vor allem ein Aufruf an alle Frauen. Denn sie neigen dazu, ihre eigenen Bedürfnisse hintanzustellen. Manchmal wissen sie gar nicht, was sie brauchen und ihnen guttäte, stellen sich nicht einmal die Frage danach. Meist lautet die Begründung: »Ich habe sowieso keine Zeit dafür.« Damit schneiden sie sich von ihren Bedürfnissen ab. Sie funktionieren zwar, aber schauen nicht mehr auf das, was ihnen Freude und Kraft schenkt. **»Wozu hätte ich jetzt gerade Lust? Was brauche ich?«** Diese Fragen solltest du dir mehrmals am Tag stellen. Über sie kommst du ihn Kontakt mit deinen Bedürfnissen. Stelle sie dir unabhängig davon, ob du dir deine Bedürfnisse erfüllen kannst oder nicht. Wenn es dir nicht sofort möglich ist, deine Antworten zu realisieren, überlege dir, wann du dies in nächster Zeit tun kannst.

Übung:
Fülle dein Energiefass

Stelle dir ein Fass vor, das mit deiner momentanen Energie gefüllt ist. Dann frage dich: »Wie viel Prozent Energie habe ich zurzeit? Wie hoch ist der Energiepegel? Ist das Fass fast voll, zur Hälfte gefüllt oder nahezu leer?«
Du kannst dein Energiefass auf ein Blatt Papier zeichnen und deinen Energiepegel markieren – und zwar aus dem Bauch heraus. Du weißt genau, wie viel Prozent Energie du zur Verfügung hast. So wird für dich sichtbar, wie es um deine momentane Energie bestellt ist.
Wenn mein Energiepegel unter 50 Prozent sinkt, wird es kritisch. Wenn dann noch etwas Unvorhergesehenes passiert, ist meine Restenergie bald aufgebraucht. Ich habe es am liebsten, wenn mein Energiefass um die 70 Prozent gefüllt ist. Dann fühle ich mich wohl, und ich weiß, dass ich den Herausforderungen des Lebens gewachsen bin.
Nachdem du den Energiepegel eingezeichnet hast, frage dich:

- **»Was täte mir gut?«**
- **»Was brauche ich?«**
- **»Wozu hätte ich Lust?«**
- **»Wo und wie könnte ich Energie tanken?«**

Das sind Fragen, die du dir immer wieder im Alltag stellen solltest – am besten täglich. Denn damit erkennst du deine Bedürfnisse und kannst deinen Energiespeicher füllen.

Übung:
Schenke dir jeden Tag Freude

Frage dich schon am Morgen: »Womit könnte ich mir heute eine Freude machen?« Das kann in Form eines kleinen täglichen Rituals oder auch einmal eines größeren Geschenkes an dich selbst sein. Es sollte etwas sein, wonach du dich einfach besser fühlst, zum Beispiel: Yoga am Morgen, 5 Minuten Sonne tanken, ein Spaziergang im Grünen, ein gutes Buch, ein schöner Film, eine entspannende Massage, Streicheleinheiten, ein angenehmer Duft, den Kaffee in Ruhe genießen, einen Tag Auszeit nehmen, in die Sauna gehen, Sport machen, Singen, Kuchen backen, nichts tun …

Wenn es dir einmal nicht so gut geht, achte erst recht darauf, dir diese freudvollen Momente zu gönnen. Du hast deine liebevolle Zuwendung verdient, immer! Also schenke sie dir. Damit stärkst du die Energie deines Sakralchakras, und die Freude bekommt immer mehr Raum und Gelegenheit, sich zu zeigen.

Nähre deine Seele mit Freude.

Was mir beim Fühlen hilft

Ich werde häufig gefragt, wie ich mit meinen Gefühlen umgehe und ob ich überhaupt negative Gefühle kenne. Natürlich erlebe auch ich negative Gefühle. Vor allem während der Zeit, in der ich an diesem Buch gearbeitet habe, gab es einige Veränderungen in meinem Leben, die mich auf eine gefühlsmäßige Berg-und-Tal-Fahrt schickten. Ich bleibe also auch nicht verschont, sondern gehe genauso durch diese Gefühle hindurch wie jeder andere auch. Durch das Schreiben des Buches wurde ich immer wieder daran erinnert, die Übungen selbst durchzuführen, und konnte mich so noch einmal von deren Wirksamkeit überzeugen.
Auf Folgendes greife ich zurück, wenn es mir nicht so gut geht:

- Ich schließe die Augen, nehme meinen Atem wahr, gehe in mich und in Verbindung mit dem Gefühl, das wahrgenommen werden möchte. Ich lasse dem Gefühl freien Lauf: Ich weine, bin wütend, bin traurig, schreie auch mal … was gerade dran ist.

- Ich verbinde mich bewusst mit der Energie der Erde und des Himmels, um mich getragen und verbunden zu fühlen.

- Ich beschäftige mich mit meinen Chakras, mache Energiearbeit und praktiziere Rituale, die mir helfen, das Thema und die damit verbundenen Gefühle zu lösen.

- Wenn ich sehr aufgewühlt bin, meditiere ich. Dadurch werde ich ruhiger und entspannter. Am liebsten höre ich mir geführte Meditationen an.

- Ich bewege mich. Ich entscheide mich spontan, ob ich lieber sanftes oder eher forderndes Yoga mache, ob ich einen gemütlichen Spaziergang unternehme oder bergauf losgehe. Manchmal tun mir angenehme, ruhige Bewegungen gut, manchmal muss ich mich einfach auspowern.

- Ich rede mit meinen Freunden darüber, spreche mich aus, weine mich aus … Schon das allein wirkt sehr befreiend.

- Ich lasse mich professionell unterstützen. Auch ich habe blinde Flecken und komme manchmal allein nicht weiter. Dann hole ich mir Hilfe, lasse mich coachen, und das bringt mich jedes Mal einen großen Schritt voran.

- Ich führe Selbstgespräche, meist beim Spazierengehen, denn durch die Bewegung fällt mir das noch leichter. Ich spreche laut aus, was mich beschäftigt. Ich stelle mir auch vor, dass ich das alles jemanden erzähle. Das bringt mir Klarheit, und mir wird vieles bewusster.

Ich wünsche dir von Herzen viel Erfolg beim Anwenden der Übungen wie auch beim tiefergehenden und ausgedehnten Fühlen. Möge dein Leben glücklicher und erfüllter werden und dich immer wieder daran erinnern, dass du auf der Welt bist, um alles zu fühlen!

Herzlichst
Deine Susanne

Vertraue,
dass alles,
was in dir gefühlt
werden möchte,
dich *heiler* und
vollkommener macht.

Quellen und Inspirationen

- Susanne Steidl: Chakra-Energie. Kraftvolle Impulse für die tägliche Praxis, Schirner Verlag 2019
- Susanne Steidl: Chakra-Energie – Handbuch für jeden Tag. Aktiviere die Lebensenergie, und schöpfe aus dem Vollen!, Schirner Verlag 2020
- Susanne Hühn: Seminare leiten – ohne Selbstausbeutung, ohne Energieverlust, Schirner Verlag 2015
- Clinton Callahan: Die Kraft des bewussten Fühlens. Ein Handbuch, um näher an Ihrer eigenen Wahrheit zu leben, Next Culture Press Verlag 2016
- Patrizia Patz: Gefühle. Emotional gesund in einer rationalen Welt, BusinessVillage Verlag 2019
- Christian Meyer: Ein Kurs in wahrem Loslassen. Durch das Tor des Fühlens zu innerer Freiheit. Arkana Verlag 2016
- Drei Eingeweihte und William Walker Atkinson: Kybalion – Die 7 hermetischen Gesetze. Aurinia Verlag 2011
- Julie Henderson: Embodying Well-Being oder Wie man sich trotz allem wohl fühlen kann, AJZ Verlag 2001
- Marshall B. Rosenberg: Gewaltfreie Kommunikation. Eine Sprache des Lebens, Junfermann Verlag 2016
- www.holgerhagen.com – In den Ausbildungen und Coachings von Holger konnte ich tiefgehende, heilsame Gefühlsarbeit erfahren.

Über die Autorin

Susanne Steidl ist seit 2003 als selbstständige Trainerin und Coachin in den Bereichen »Bewusstseinsbildung«, »Chakraenergie« und »Intuitive Energie« tätig. Ihre Erfahrungen gibt sie in Ausbildungen, Workshops und Einzelberatungen online und vor Ort sowie in Urlaubsseminaren weiter. Sie arbeitet für und mit Menschen, die sich selbst und ihre Herzenswünsche wichtig nehmen, sich weiterentwickeln und ihr Leben eigenverantwortlich gestalten wollen.

www.susanne-steidl.com
www.kurse-susanne-steidl.com

Bringe deine Energie zum Fließen!

Susanne Steidl

Chakra-Energie –
Handbuch für jeden Tag

Aktiviere die Lebensenergie,
und schöpfe aus dem Vollen!

176 Seiten

ISBN 978-3-8434-1455-5

Danke für deine REZENSION

– Gemeinsam sind wir mehr –

Liebe Leserin, lieber Leser,
von Herzen danken wir dir, dass du dieses Buch in den Händen hältst und es bis zum Ende gelesen hast. Das bedeutet uns, dem Schirner Verlag und seinen Autoren, sehr viel. Aus voller Überzeugung und mit Hingabe widmen wir uns seit vielen Jahren Themen, die unser aller Lebensqualität und Bewusstwerdung dienlich sind, und hoffen, einen Beitrag für eine lichtvollere Welt leisten zu können. Wenn dir unsere Arbeit gefällt, möchten wir dich bitten, dir einige Minuten Zeit zu nehmen, um dieses Buch zu rezensieren. Warum? Die meisten Menschen lesen Rezensionen, bevor sie ein Buch kaufen, da sie hierdurch einen Eindruck bekommen, ob und wie der Inhalt des Buches den Leser erreicht hat. Eine kurze Rezension ist dabei ebenso hilfreich wie eine lange, sehr ausführliche. Um es auf den Punkt zu bringen:

Eine Rezension ist heutzutage die beste Werbung für ein Autorenwerk!

Wenn du den Schirner Verlag und seine Autoren neben dem Buchkauf auch anderweitig unterstützen willst, dann bitten wir dich: Schreibe für jedes Werk eine Rezension – vielleicht als persönliche Leseempfehlung für die Buchhandlung in deiner Nähe oder online, z. B. beim Schirner Verlag. Das wäre nicht nur eine Wertschätzung für die Autoren, sondern kann dazu beitragen, dass die Verkaufszahlen steigen und der Schirner Verlag auch in herausfordernden Zeiten Bestand hat.

WIE SCHREIBT MAN EINE REZENSION?

Grundsätzlich sollte eine Rezension aus der eigenen, subjektiven Sicht geschrieben werden, da es sich um eine persönliche Meinung handelt. Du kannst in zwei Sätzen deine Gedanken zu dem Buch äußern oder eine längere Rezension verfassen. Falls du nicht weißt, wie du beginnen sollst, hier ein paar Anregungen:

- War das Buch leicht verständlich geschrieben? Wie hat dir die Sprache gefallen? Wie empfandest du die Aufteilung der verschiedenen Themen?
- War es unterhaltsam? War es deiner Meinung nach mit Herzblut und Liebe geschrieben? Wie hat es auf dich gewirkt?
- Hat es dein Herz berührt? Konntest du dich wiederfinden?
- War es tief greifend genug? Hast du viel Neues gelernt?
- Hat es gehalten, was der Titel und die Buchbeschreibung versprochen haben? Hat es deine Erwartungen erfüllt?
- Was macht das Buch besonders? Warum sticht es heraus im Vergleich zu anderen Büchern, die ein ähnliches Thema behandeln?
- Würdest du das Buch weiterempfehlen oder verschenken?

Dankeschön

lesen, fliegen, landen
Schirner Verlag

Bildnachweis

Bilder von der Bilddatenbank www.shutterstock.com:

Schmuckelemente: Blumen # 1642357129 (© Angelina Bambina), Herz # 1474614581(© K N), Washi-Tape # 1704688972 (© Kbiscuit)
Weitere Bilder: S. 9: # 1904812480 (© EshanaPhoto), S. 10: # 1546372784 (© Song_about_summer), S. 14: # 211813165 (© Suzanne Tucker), S. 17: # 1196052535 (© photoDiod), S. 18: # 654815422 (© Max4e Photo), S. 20: # 335014688 (© aninata), S. 22, 25, 28, 31: # 714152803 (© mim.girl), S. 34: # 692683741 (© Rawpixel.com), S. 42: # 1980560294 (© LAONG), S. 46: # 748829398 (© WAYHOME studio), S. 58: # 296530088 (© Libor Fousek), S. 64: # 764209888 (© Prostock-studio), S. 71: # 1927796156 (© Iryna Rudaieva), S. 72: # 1339059998 (© Rawpixel.com), S. 75: # 244895896 (© Song_about_summer), S. 82: # 403678318 (© Billion Photos), S. 85: # 1092362624 (© ntkris), S. 90: # 1121086322 (© Pasuwan), S. 93: # 1658161534 (© Roman_studio), S. 94: # 1940240341 (© ELUTAS), S. 97: # 1902565441 (© Roman Samborskyi), S. 102: # 170968460 (© Andrekart Photography), S. 110: # 1020048823 (© Evgeny Atamanenko), S. 116: # 1190761924 (© New Africa), S. 120: # 1810798807 (© HAKINMHAN)

Die Bilder der Chakras (S. 20–31) stammen von Corinna Insam.